Jedes Experiment ist mit einem karierten Grund unterlegt.

Eine Lawine im Klassenzimmer
Material: *Pappkarton, Stift, Schrauben, Mehl, Holzbrett*
Durchführung: *Zeichne auf dem Karton eine Mittellinie ein. Durchbohre eine Seite des Kartons mit Schrauben und befestige den Karton auf dem Brett. Verteile das Mehl gleichmäßig auf der Oberfläche. Hebe das Brett langsam an einer Seite an.*

Auswertung: *Beschreibe, wie sich das Mehl auf beiden Seiten verhält. Begründe Unterschiede.*

Was diese Zeichen bedeuten:

Leseseite
Hier kannst du interessante Texte lesen, die dir Zusatzinformationen über ein Thema vermitteln.

Kaum zu glauben
Hier stehen außergewöhnliche Angaben zum jeweiligen Thema.

Teste dich selbst
Dieses Zeichen findest du auf den Abschlussseiten. Lösungen zu den hier genannten Aufgaben stehen im Anhang.

Neu im Medienverbund:
„TERRA Arbeitsheft"

Mehr rund um TERRA im Internet unter:
www.klett-verlag.de/geographie/terra-extra

Und nun viel Spaß und gute Lernerfolge bei der Arbeit mit diesem Buch!

→ Impressum
WZG 2

Autoren
Dr. Andrea Schmidt, Dossenheim
Dr. Karsten Witt, Bovenden

Mit Beiträgen von:
Thomas Borstell, Rechberghausen
Dr. Egbert Brodengeier, Dresden
Thomas Ehrensperger, Weinsberg
Lore Heinrich Exner, München
Prof. Dr. Folkwin Geiger, Merzhausen
Dr. Michael Geiger, Landau
Hardi Gruner, Dortmund
Irina Gühl, Weinbach
Peter Kraus, Wäschenbeuren
Jürgen Leicht, Mutlangen
Hermann Josef Ohagen, Köln
Paul Palmen, Alsdorf
Herbert Paul, Asperg
Christian Pfefferer, Hagen
Eberhard Pyritz, Schloß Holte-Stukenbrock
Prof. Dr. Lothar Rother, Schwäbisch Gmünd
Hans Joachim Salmen, Bochum
Dr. Petra Sauerborn, Bonn
Anne Schminke, Olpe
Joachim Schwab, Buchen
Barbara Smielowski, Bochum
Antje Zang, Mainz

1. Auflage
1 ⁵ ⁴ ³ ² ¹ | 2008 2007 2006 2005 2004

Alle Drucke dieser Auflage können im Unterricht nebeneinander benutzt werden, sie sind untereinander unverändert. Die letzte Zahl bezeichnet das Jahr dieses Druckes.

Das Werk und seine Teile sind urheberrechtlich geschützt. Jede Nutzung in anderen als den gesetzlich zugelassenen Fällen bedarf der vorherigen schriftlichen Einwilligung des Verlages. Hinweis zu § 52 a UrhG: Weder das Werk noch seine Teile dürfen ohne eine solche Einwilligung eingescannt und in ein Netzwerk eingestellt werden. Dies gilt auch für Intranets von Schulen und sonstigen Bildungseinrichtungen.

© Klett-Perthes Verlag GmbH,
Gotha 2004. Alle Rechte vorbehalten.

www.klett-verlag.de/klett-perthes
ISBN 3-623-23821-X

Redaktion und Produktion
Dietmar Wagener, Christian Neuhaus,
Michael Hebestreit, Nicole Schramm
Einband-Design und Layoutkonzept
pandesign, Büro für visuelle
Kommunikation, Karlsruhe
Karten
Klett-Perthes Verlag GmbH,
Dr. Henry Waldenburger
Zeichnungen
Steffen Butz, Karlsruhe
Franz-Josef Domke, Hannover
Ulf S. Graupner, Berlin
Rudolf Hungreder, Leinfelden-Echterdingen
Steffen Jähde, Berlin
Andreas Piel, Hamburg
Wolfgang Schaar, Stuttgart
Ursula Wedde, Waiblingen
Satz und Reproduktion
MedienService Gunkel & Creutzburg
GmbH, Friedrichroda
Druck
Aprinta, Wemding

WZG 2 Welt Zeit Gesellschaft

Hauptschule Baden-Württemberg

TERRA

Klett-Perthes Verlag
Gotha und Stuttgart

Inhalt

WZG 2 Welt Zeit Gesellschaft

1 Deutschland im Überblick	**4**
Von der Küste zu den Alpen	6
Wir gestalten eine Lern-Wandkarte	8
Deutschland und seine Bundesländer	10
Bundeshauptstadt Berlin	12
TERRA **Training**	14

2 An der Nordsee	**16**
Lust auf Meer	18
Ebbe und Flut	20
• Das Watt lebt	22
Nationalpark Wattenmeer	24
Eine Mindmap erstellen	26
Küste in Gefahr	28
Aus der Nordsee auf den Tisch	30
Welthafen Hamburg	32
Eine Tabelle auswerten	34
TERRA **Training**	36

3 In den Alpen	**38**
Lust auf Gebirge	40
Wie sind die Alpen entstanden?	42
• Höhenstufen in den Alpen	44
• Murmeltier & Co	46
• Alles Gute kommt von oben?	48
Über und durch die Alpen	50
Industrie im Inntal	52
Berglandwirtschaft – ein mühsames Geschäft	54
Vom Bergdorf zum Ferienzentrum	56
Alp(en)traum – ein Rollenspiel	58
TERRA **Training**	60

4 Die Arbeitswelt verändert sich	**62**
Autos aus Stuttgart	64
In Europas größtem Chemiewerk	66
Aus Zahlen Diagramme zeichnen	68
Mit Kohle Kohle machen?	70
Ruhrgebiet im Wandel	72
Schweiß ist out – Grips ist in	74
TERRA **Training**	76

• Ergänzungsseiten für ein Schulcurriculum

5 Ägypten — 78

- Lebensader Nil — 80
- Die Landwirtschaft — 82
- Der Pharao — 84
- Im Auftrag des Pharao — 86
- Die Schrift – auf Stein und Papyrus — 88
- Frühe Hochkulturen weltweit — 90
- Die Pyramiden – geheimnisvolle Grabstätten — 92
- Im Tal der Könige — 94
- Die ägyptische Götterwelt — 96
- Was wurde aus dem ägyptischen Reich? — 98
- Ägypten heute — 100
- TERRA **Training** — 102

6 Die Römer — 104

Von der Stadt zum Weltreich — 106
Eine Geschichtskarte auswerten — 108
Wer regierte die Römer? — 110
Caesar und Augustus — 112
Rom – Ewige Stadt — 114
Mietshaus oder Villa? — 116
Textquellen auswerten — 118
Sklaven — 120
Die Römer begrenzen ihre Herrschaft — 122
Römer und Germanen in Baden-Württemberg — 124
Die Germanen — 126
Das Römische Reich zerfällt — 128
TERRA **Training** — 130

7 Miteinander leben — 132

Meine Bedürfnisse – deine Bedürfnisse — 134
Reicht das Taschengeld? — 136
Wieso immer ich? Aufgabenverteilung in der Familie — 138
Was machen wir am Sonntag? — 140
- Familien heute — 142
Eine Befragung durchführen — 144
Auf unsere Schule gehen ... — 146
TERRA **Training** — 148

8 Kinder der Welt — 150

Wir sind alle Weltbürger — 152
Arbeiten müssen oder wollen? — 156
Einen Text auswerten — 158
Straßenkinder leben gefährlich — 160
- Der Palast — 162

9 Anhang

Deutschland in Zahlen — 164
Die Erde in Zahlen — 165
TERRA **Lexikon** — 166
Sachverzeichnis — 172
Zeittafel — 174
Testlösungen — 175
Bildnachweis, Kartengrundlagen und Quellennachweis — 176

Deutschland im Überblick

So unterschiedlich ist Deutschland: Von der Nordsee bis zu den Alpen finden wir eine Vielfalt von Landschaften. Ebenen, hügelige Mittelgebirgslandschaften und die felsigen Gipfel eines Hochgebirges kennzeichnen unser Heimatland.

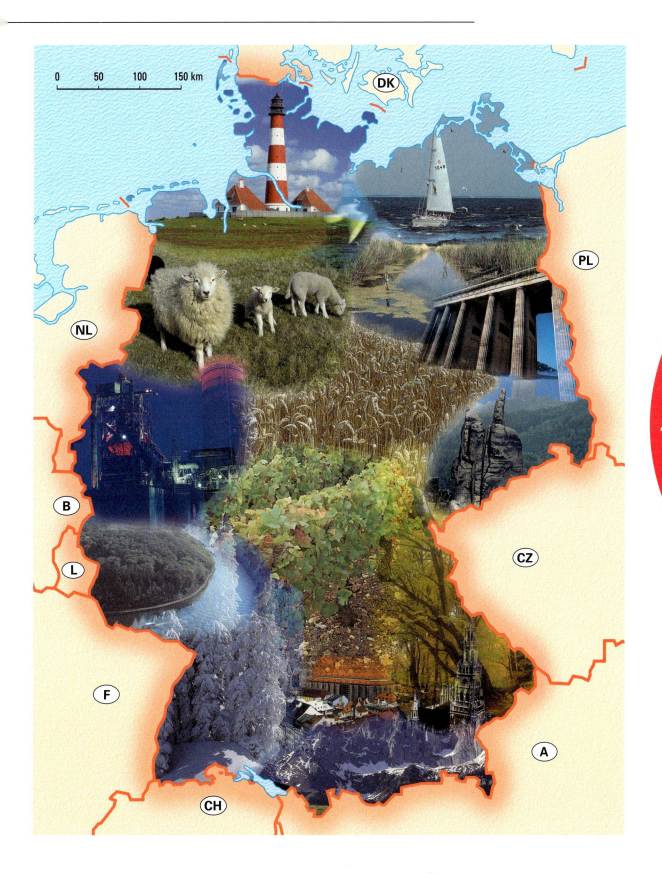

Deutschland im Überblick

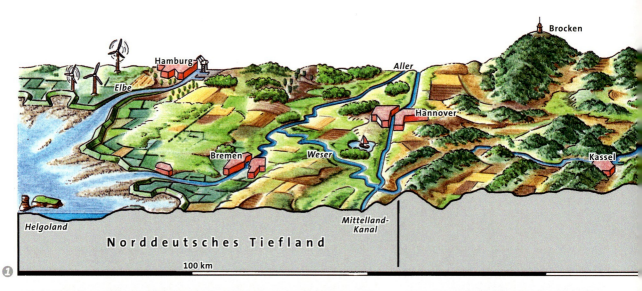

Von der Küste zu den Alpen

Zwischen der Insel Helgoland in der Nordsee und der Zugspitze in den Alpen erstreckt sich Deutschland über rund 800 Kilometer. Ein Flugzeug überfliegt diese Strecke in nur einer Stunde. Dabei könntest du eine Vielfalt von Landschaften beobachten.

Aber so unterschiedlich die Landschaften Deutschlands auch sind – sie lassen sich nach einem einfachen Schema ordnen: Deutschland gliedert sich nach den Oberflächenformen und nach der Höhenlage in vier **Großlandschaften**. Man unterscheidet das Norddeutsche Tiefland, das Mittelgebirgsland, das Alpenvorland und die Alpen. In den Alpen liegt die Zugspitze. Sie ist mit 2 963 Meter die höchste Erhebung in Deutschland.

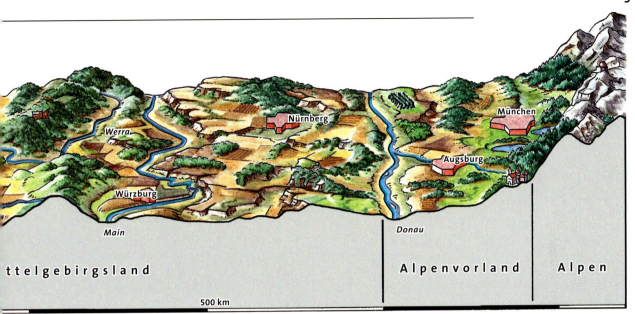

1 a) Beschreibe die Oberflächenformen auf den Fotos 2–5.
b) Ordne die Fotos den Großlandschaften zu.

2 Arbeite mit dem Atlas:
a) Ordne das Landschaftsprofil 1 in eine Karte von Deutschland ein und benenne die Mittelgebirge.
b) Bestimme die Nord-Süd-Ausdehnung der vier Großlandschaften entlang der Profillinie.

→ **TERRAMethode**

Deutschland im Überblick

Wir gestalten eine Lern-Wandkarte

„Wer Deutschland kennen lernen will, muss es einmal zeichnen!" Mit diesen Worten beginnt der Unterricht. Verdutzt hören die Schüler der Klasse 6b hin. Wie kann man Deutschland zeichnen? Lehrerin Schmidt enthüllt das Geheimnis: „Zuerst stellen wir den Tageslichtprojektor in die Mitte des Raumes. Wir legen eine Farbfolie mit der Karte Deutschlands auf. Nun befestigen wir einen großen Zeichenkarton an der Wand. Auf diesen projizieren wir die Karte. Wenn ihr die entsprechende Karte im Atlas aufgeschlagen habt, dann kann es losgehen."

Dick zeichnende Malstifte liegen in verschiedenen Farben bereit. Die Kartenskizze wird nun Schritt für Schritt gezeichnet. Zum Schluss schaltet Frau Schmidt den Projektor aus. In frischen Farben sieht nun jeder die Lern-Wandkarte von Deutschland.

„Gar nicht so kompliziert, ein Bild von Deutschland zu zeichnen", denkt sich mancher der Klasse 6b. „Diese Kartenskizze kann ich auch alleine zeichnen, wenn ich Pergamentpapier auf eine Atlaskarte lege", überlegt sich Sven.

Eine Lern-Wandkarte ist eine Kartenskizze im Großformat. Sie dient der Orientierung und hilft, sich eine Merkkarte besser einzuprägen.

Wie du eine Lern-Wandkarte von Deutschland zeichnest

1. Schritt: *Mit blauem Stift zeichnest du die Küste an Nordsee und Ostsee in groben Zügen nach. Auch einige Inseln und Inselgruppen kommen dazu. Die Meeresfläche bemalst du blau.*

2. Schritt: *Mit rotem Farbstift zeichnest du die Staatsgrenzen. Damit erscheint der Umriss Deutschlands.*

3. Schritt: *Mit blauem Farbstift folge in grober Linie dem Lauf wichtiger Flüsse. Kleinere Flüsse lässt du weg.*

4. Schritt: *Mit drei braunen Linien grenzt du die vier Großlandschaften Deutschlands voneinander ab. Die Flächen malst du in grünen und in braunen Farben aus.*

5. Schritt: *Im Mittelgebirgsland zeichnest du mit einem dunkleren Braunstift den Verlauf wichtiger Mittelgebirge nach.*

6. Schritt: *Nun male mit je einem roten Punkt die zwölf Großstädte Deutschlands in die Karte, die über eine halbe Million Einwohner haben.*

7. Schritt: *Schließlich kannst du die Karte noch beschriften.*

1 Zeichne auf ein Poster im Klassenzimmer eine Lern-Wandkarte von Deutschland.

2 Zeichne nach derselben Methode mithilfe von Pergamentpapier und Atlas eine Kartenskizze von Deutschland für dein Erdkundeheft.

3 Benenne in der Lernkarte:
a) die Großlandschaften A–D,
b) die Flüsse a–l,
c) die Mittelgebirge I–VII,
d) die Großstädte 1–12.

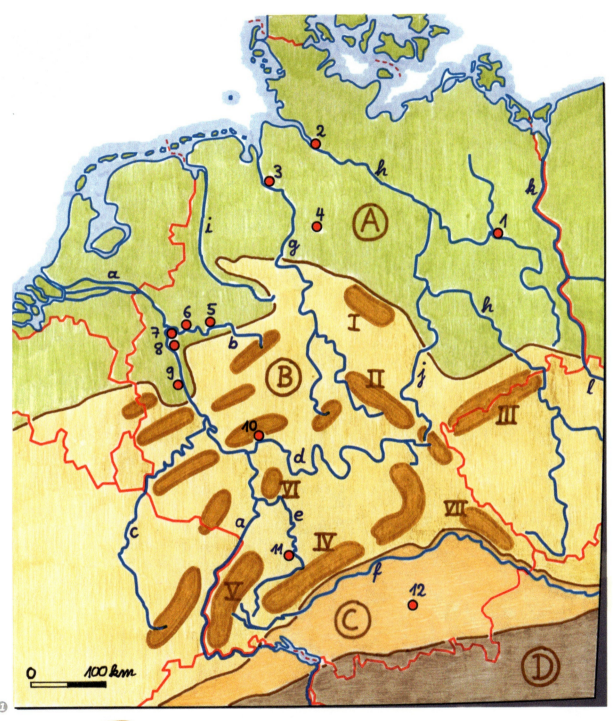

Deutschland und seine Bundesländer

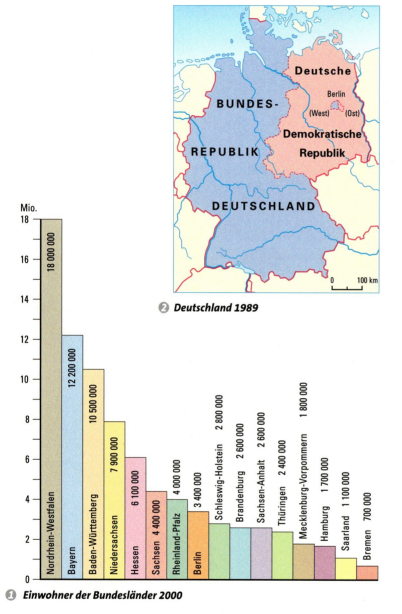

② *Deutschland 1989*

① *Einwohner der Bundesländer 2000*

Was ist Deutschland? Darauf gab es in den letzten Jahrzehnten ganz unterschiedliche Antworten. Schon in deiner Familie kannst du dies erfahren. Deine Großeltern, deine Eltern und du selbst seid in je einem anderen Deutschland geboren.

Bis zum Ende des Zweiten Weltkrieges 1945 trug Deutschland den Namen „Deutsches Reich" und dehnte sich weiter nach Osten aus als heute.

Als Folge des Zweiten Weltkrieges war Deutschland von 1949 bis 1990 in zwei deutsche Staaten geteilt: Im Westen bestand die Bundesrepublik Deutschland, kurz BRD, mit der Hauptstadt Bonn. Im Osten gab es die Deutsche Demokratische Republik, kurz DDR. Auch Berlin war zweigeteilt. Westberlin gehörte zur BRD, Ostberlin war Hauptstadt der DDR.

Am 3. Oktober 1990 vereinigten sich die beiden früheren Staaten zur heutigen Bundesrepublik Deutschland. Der 3. Oktober ist deshalb der Nationalfeiertag. Berlin ist die gemeinsame Hauptstadt.

Das heutige Deutschland ist ein Bundesstaat, der 16 **Bundesländer** umfasst. Jedes Bundesland ist politisch selbstständig. Regelmäßig finden Landtagswahlen statt, bei denen die Landesparlamente gewählt werden. Diese treten in der jeweiligen **Landeshauptstadt** zusammen. Dort werden Gesetze beschlossen, die nur für das jeweilige Bundesland gelten.

| S:AU 2002 |
| KI:EL 3421 |
| D:AS 7689 |
| DD:ER 532 |
| SB:A 1001 |
| WI:EN 321 |
| MZ:YX 55 |
| M:AU 73 |
| EF:EU 678 |

4 Autokennzeichen aus einigen Landeshauptstädten

3

1 Fasse Bundesländer zu Gruppen zusammen:
a) die an der Küste liegen,
b) die „Stadtstaaten",
c) die an der Ostgrenze gelegenen,
d) die an der Westgrenze gelegenen.

2 Man unterscheidet zwischen alten und neuen Bundesländern. Erkläre.

3 Nenne die Landeshauptstädte mit Bundesland, aus denen die Autos mit den Kennzeichen (4) stammen.

4 Vergleiche mithilfe der Karte 3 und des Säulendiagramms 1 die Einwohnerzahlen der Bundesländer mit deren Flächengröße.

11

Deutschland im Überblick

① Reichstag in Berlin

Bundeshauptstadt Berlin

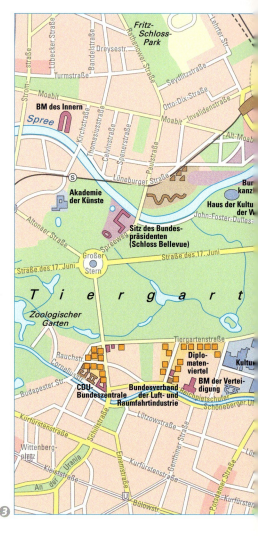

❷ **Daten zur Geschichte Berlins**

1237 erste Erwähnung der Stadt
1701 Hauptstadt des Königreichs Preußen
1871 Hauptstadt des Deutschen Reiches
1949 Teilung Deutschlands. Ostberlin wird Hauptstadt der DDR.
1990 Wiedervereinigung Deutschlands und Berlins am 3. Oktober
1991 Berlin wird Hauptstadt der Bundesrepublik Deutschland

Seit über 300 Jahren ist Berlin Hauptstadt. In dieser Zeit war Berlin viermal Hauptstadt verschiedener Staatsgebiete. Daher ist es nicht erstaunlich, dass die Stadt reich an sehenswerten historischen Gebäuden ist.

Seit 1991, als Berlin Bundeshauptstadt von Deutschland wurde, entsteht das neue Berlin. Zwischen den beiden Citys von Westberlin und von Ostberlin, wo einst die Grenze mit der Mauer verlief, war Platz zum Neubau und Ausbau des **Regierungsviertels**. Dort regieren der Bundeskanzler und der Bundestag. Hier werden die Gesetze beschlossen, die für Deutschland gültig sind.

❸

In Berlin wollen auch die führenden Unternehmen der Wirtschaft des In- und Auslandes vertreten sein, so zum Beispiel am Potsdamer Platz.

Aus der Hauptstadt berichten täglich die führenden Zeitungen sowie die Rundfunk- und Fernsehsender.

Berlin ist auch Kultur-Hauptstadt. Menschen aus vielen Ländern treffen sich hier. Sie suchen Unterhaltung in großen Kinos und Theatern. Erstaufführungen in Deutschland finden oft in Berlin statt. Und auf der Museumsinsel gibt es mehrere weltberühmte Museen.

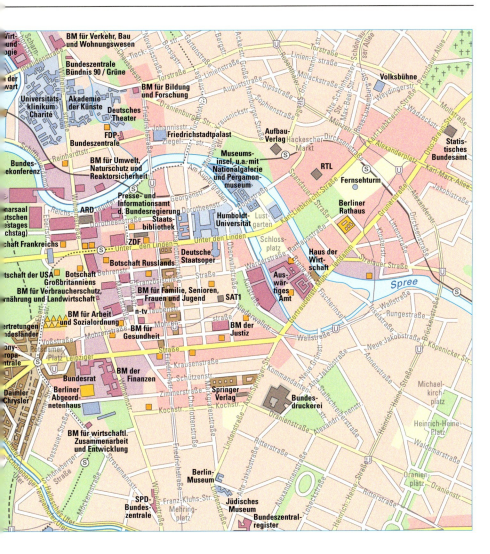

1 Arbeite mit dem Stadtplan 3: Weil Berlin Bundeshauptstadt ist, gibt es dort viele Gebäude mit Hauptstadt-Funktion. Übertrage die Übersicht in dein Heft. Ergänze darin für jede Hauptstadt-Funktion mindestens drei Gebäude.

2 Regierungsviertel unterscheiden sich von sonstigen Stadtvierteln. Begründe.

Hauptstadtfunktion	Gebäude
Parlament/Regierung	Bundesrat, …
Botschaften/Vertretungen	Botschaft der USA, …
Wirtschaft	DaimlerChrysler, …
Medien/Verlage	ARD, …
Kultur/Wissenschaft	Pergamonmuseum, …

TERRATraining
Deutschland im Überblick

Wichtige Begriffe
Bundeshauptstadt
Bundesland
Großlandschaft
Landeshauptstadt
Regierungsviertel

1 Findest du die Begriffe?
– Dieses Stadtviertel gibt es nur in Hauptstädten.
– Zusammen bilden sie den Bundesstaat der Bundesrepublik Deutschland.
– So nennt man die Hauptstadt eines Bundeslandes.
– Vier von diesen unterscheidet man in Deutschland.

2 Arbeite mit Karte 1:
Mit dem Intercityexpress (ICE) kann man Deutschland schnell durchqueren. Wie heißen die bedeutenderen Stationen an folgenden Strecken?
a) Von Nord nach Süd:
   Hamburg – München
b) Von West nach Ost:
   Köln – Berlin
c) Von Südwest nach Nordost:
   Basel – Dresden

❶

3 Richtig oder falsch
Verbessere die falschen Aussagen und schreibe sie richtig auf.
– Deutschland gliedert sich in fünf Großlandschaften.
– Die Donau ist der längste Fluss, der durch Deutschland fließt.
– Die Zugspitze ist mit 3 963 Meter der höchste Berg Deutschlands.
– 16 Bundesländer bilden die Bundesrepublik Deutschland.
– Niedersachsen ist das bevölkerungsreichste Bundesland in Deutschland.
– Baden-Württemberg ist das größte Bundesland in Deutschland.
– In Deutschland gibt es mit Berlin, Hamburg und München drei Millionenstädte.

4 Kennst du dich in Deutschland aus?
Arbeite mit Karte 2. Benenne
a) die Meere A und B,
b) die Flüsse a–l,
c) die Mittelgebirge A–G,
d) die Städte mit mehr als 500 000 Einwohnern 1–12,
e) die Nachbarstaaten Deutschlands.

5 Landeshauptstadt gesucht
Ergänze zum vollen Namen einer Landeshauptstadt. Schreibe diese auf und nenne das dazugehörige Bundesland.
_ _ _ burg
_ _ _ _ _ gart
_ _ _ chen
_ _ furt
_ _ _ _ baden
_ _ _ _ _ _ dorf
_ _ _ _ den
_ _ _ _ brücken
_ _ _ _ dam
_ _ _ _ _ rin
_ _ _ _ _ ver

An der Nordsee

① Puan Klent

Lust auf Meer

Für die Schüler der 6c eine erlebnisreiche Unterbrechung der Schulzeit gegen Ende des Schuljahres: eine einwöchige Klassenfahrt nach Sylt, der größten nordfriesischen Insel. Ziel ist das Hamburger Jugenderholungsheim Puan Klent. Seinen Namen hat es von einem Piraten, der in dieser Gegend seinen Unterschlupf gehabt haben soll.

Leicht war es nicht im Erholungsheim Puan Klent unterzukommen, denn im Juni beginnt auf den Nordseeinseln die eigentliche **Saison**, die Hauptsaison.

Die 6c ist mit einem Reisezug von Mannheim nach Westerland auf Sylt gefahren. Der Zug fährt über den Hindenburgdamm, der seit 1927 die Insel mit dem Festland verbindet. Reisende, die mit dem Auto nach Sylt wollen, müssen mit ihren Fahrzeugen ebenfalls den Zug nehmen. In Niebüll auf dem Festland fahren sie auf offene zweigeschossige Eisenbahnwaggons. Die Züge pendeln laufend zwischen Niebüll und Westerland. So entstehen auch keine langen Wartezeiten.

Mit den Schülern aus Mannheim kommen noch viele andere Urlauber auf Sylt an. Sechs Badeorte und vier Luftkurorte konnten sich hier zu Zentren des **Tourismus** entwickeln. Mehr als 500 000 Menschen machen jährlich Ferien auf Sylt. Sie schätzen den Strand und die gesunde Meerluft. Aber Sylt hat noch mehr zu

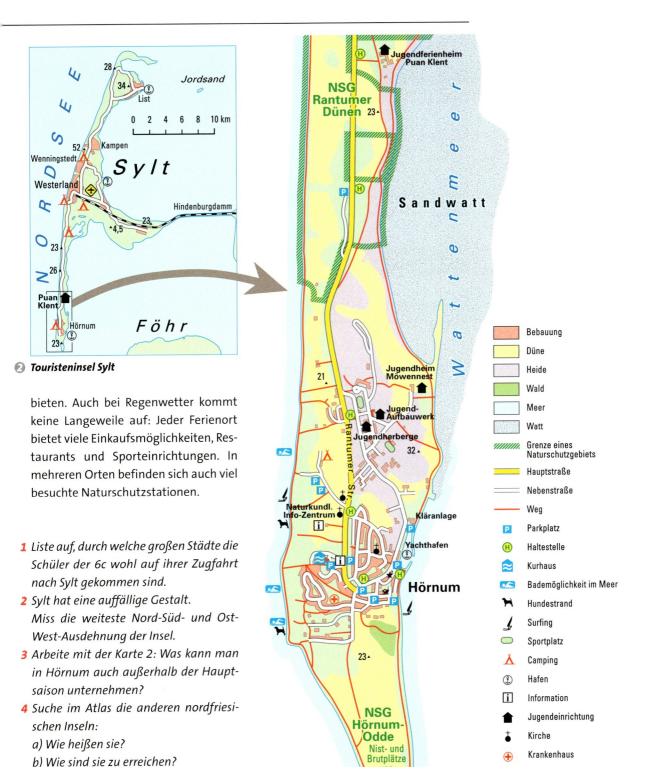

❷ Touristeninsel Sylt

bieten. Auch bei Regenwetter kommt keine Langeweile auf: Jeder Ferienort bietet viele Einkaufsmöglichkeiten, Restaurants und Sporteinrichtungen. In mehreren Orten befinden sich auch viel besuchte Naturschutzstationen.

1 Liste auf, durch welche großen Städte die Schüler der 6c wohl auf ihrer Zugfahrt nach Sylt gekommen sind.

2 Sylt hat eine auffällige Gestalt. Miss die weiteste Nord-Süd- und Ost-West-Ausdehnung der Insel.

3 Arbeite mit der Karte 2: Was kann man in Hörnum auch außerhalb der Hauptsaison unternehmen?

4 Suche im Atlas die anderen nordfriesischen Inseln:
 a) Wie heißen sie?
 b) Wie sind sie zu erreichen?

① *Rettungskorb im Wattenmeer*

Ebbe und Flut

Von Wasser keine Spur?
Auf den Urlaub hatte sich Florian schon seit langem gefreut: auf hohe Wellen und einen breiten Strand. So war er nach der Ankunft auch gleich mit dem Schwimmzeug unterm Arm losgestapft – und dann das: von Wasser und Wellen keine Spur – nur eine endlos weite, schlammige Fläche. Der Urlaub war gelaufen, so viel war klar. Als Florian seiner Mutter enttäuscht die Wahrheit über den Urlaubsort berichtet, erntet er ein lautes Lachen.

Die Gezeiten
Dann erklärt Florians Mutter ihm Folgendes: „An der Nordseeküste sind die regelmäßigen Schwankungen des Meeresspiegels ganz normal: Zweimal täglich steigt und sinkt der Wasserstand des Meeres an ein und derselben Stelle. Das Steigen des Wassers nennt man **Flut**; das Fallen **Ebbe**. Etwa sechs Stunden steigt das Wasser, bis der höchste Wasserstand, das Hochwasser, das Ende der Flut markiert. Dann beginnt die Ebbe und der Wasserstand fällt etwa sechs Stunden bis zum Niedrigwasser, dem niedrigsten Wasserstand. Dann beginnt wieder die Flut. Diese Schwankungen des Wassers sind die so genannten **Gezeiten**. Der Unterschied zwischen Hoch- und Niedrigwasser beträgt an der deutschen Nordseeküste oft zwischen zwei und drei Meter. Diesen Höhenunterschied bezeichnet man als Tidenhub."
Florians Stimmung steigt. Wenn das stimmt, dann kann er heute Nachmittag ja doch noch baden.

Gezeitenkalender nicht vergessen!
Nicht überall an der schleswig-holsteinischen Nordseeküste läuft das Wasser gleichzeitig auf und ab. Daher hat jeder Ort seinen eigenen Gezeitenkalender, damit die Menschen wissen, wann Hochwasser ist und wann das Wasser wieder zurückläuft. Dies ist gerade für die Touristen wichtig, die eine Wattwanderung unternehmen oder baden wollen. Denn schon so manchen Urlauber hat die Flut im Watt erwischt – da ist es ein ausgesprochener Glücksfall, wenn man einen Rettungskorb in Reichweite hat.

❸

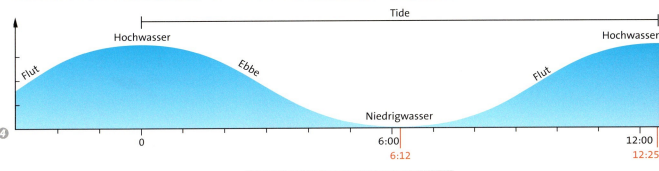

❹

Wat is Watt?

Den Teil des Meeresbodens, der bei Flut überschwemmt ist und bei Ebbe trocken liegt, nennt man **Watt**. Dieser Bereich ist von Schlick bedeckt, einem Gemisch aus Schlamm sowie feinsten Pflanzen- und Tierresten. Das Watt ist von Wasser führenden Rinnen, den Prielen durchzogen, durch die man bei Ebbe hindurchwaten kann. Aber Vorsicht! Priele können sich zu Flüssen mit gefährlicher Strömung entwickeln.

1 Arbeite mit dem Atlas: Bestimme die Breite des Wattenmeeres zwischen Sylt und Cuxhaven und zwischen Cuxhaven und Borkum.

2 Arbeite mit der Grafik 4:
Erkläre die Begriffe Hochwasser und Niedrigwasser mit eigenen Worten.

3 Erkläre die Begriffe Watt und Priel.

4 Arbeite mit dem Tidekalender:
a) Wann ist am 7. 7. und am 10. 7. Ebbe?

❺ **Tidekalender von Westerland im Juli 2001**

Tag	HW Uhr	Uhr	NW Uhr	Uhr
1	02:33	15:02	08:50	21:18
2	03:29	15:50	09:42	22:11
3	04:20	16:41	10:31	23:03
4	05:13	17:34	11:23	23:57
5	06:07	18:24	—:—	12:14
6	06:59	19:12	00:48	13:01
7	07:50	20:01	01:37	13:48
8	08:41	20:53	02:26	14:37
9	09:33	21:49	03:16	15:29
10	10:27	22:49	04:07	16:25
11	11:26	23:55	05:04	17:31

b) Peter und Paul wollen am 8. 7. mit ihren Eltern eine Wattwanderung unternehmen. Wann sollten sie loswandern?

c) Stelle fest, um wie viele Minuten sich das Hochwasser zwischen dem 1. 7. und 4. 7. täglich verschiebt.

Gezeitenkalender
Auch Tidekalender genannt
tide = friesisch: Zeit

21

Das Watt lebt

Moin, moin, – ich bin Willy, der Wattwurm und ihr habt euch tatsächlich zu einer Hausführung bei mir angemeldet? Na, dann nichts wie los ...

Das Wattenmeer, das solltet ihr vorweg schon wissen, gehört zu den besonders schützenswerten Naturlandschaften Europas. Ebbe und Flut haben hier einen auf der Erde einzigartigen Lebensraum für viele Pflanzen und Tiere geschaffen. Der überwiegende Teil der 2 000 Tierarten lebt im oder auf dem Wattboden.

Strandkrabbe

Darf ich bekannt machen: meine Nachbarin die Strandkrabbe, eine recht schreckhafte Bewohnerin des Watts, die es vorzieht, sich bei Gefahr sofort in den Boden einzugraben. Sie ist schon seltsam: Statt geradeaus zu laufen, bewegt sie sich seitwärts fort. Deshalb trägt sie auch den plattdeutschen Namen „Dwarslöper" (Querläufer). Die Strandkrabbe ist der bekannteste Krebs der deutschen Küsten und ernährt sich vor allem von Muscheln.

Wattwurm

Vorsicht! Jetzt wärt ihr fast auf meinen Onkel getreten. Seht ihr denn nicht das Kothäufchen am Boden? Es zeigt an, dass ein Watt- oder Pierwurm in der Nähe ist. Wir Wattwürmer leben nämlich etwa 30 cm tief im Wattboden und fressen uns durch den Sand. Natürlich müssen wir den Sand auch wieder los werden – schmeckt ja nicht sonderlich – so entstehen die Kothäufchen. Aber keine Sorge: Wenn wir was richtiges essen wollen, bevorzugen wir Kieselalgen.

Küstenseeschwalbe

Kommt weiter – es gibt noch viel zu sehen. Dort drüben auf der Salzwiese seht ihr die Küstenseeschwalbe. Eigentlich sieht sie ganz friedlich und hübsch aus, mit ihrem roten Schnabel und der schwarzen Kopfplatte. Doch Vorsicht, sie ist eine meiner Feindinnen, denn sie hat sich ausgerechnet Wattwürmer auf ihrem Speiseplan vermerkt. Da muss man ganz schön auf der Hut sein. Und auch Touristen, die ihrer Brut zu nahe kommen, haben nicht viel zu lachen. Bei Störungen am Nest reagiert die Küstenseeschwalbe sehr wütend.

Herzmuschel und Miesmuschel

Aber hallo, hier treffen wir die Familien Herzmuschel und Miesmuschel! Die Herzmuschelmitglieder sehen immer etwas schmutzig aus mit ihrer schmuddelig weißen bis bräunlich-gelben Schale. Sie sind unscheinbar und werden bis 5 cm im Durchmesser groß. Nicht so groß also wie die blauschwarze Miesmuschel, die bis zu 10 cm lang werden kann. Das sind ganz raffinierte Wattbewohner, sag ich euch. Sie heften sich mit Fäden am Untergrund fest, sodass sich ganze Miesmuschelbänke bilden können – ein Familientreffen also.

Ein Gemeinsames haben beide Familien aber: Ihr Inneres schmeckt den Menschen gut – mir ist das egal, solange sie keine Würmer essen.

Austernfischer

Vorstellen möchte ich euch noch den Austernfischer, ebenfalls Wattbewohner, schwarzweiß gefiedert, rote Beine, roter Schnabel. Meint, er sei etwas Besseres und gibt mit seinen Balzgeräuschen „kliep, kliep" oder dem trillernden „kewick, kewick" an. Argwöhnisch bewacht er sein Nest.

In Wirklichkeit ist er aber ein wahrer Schuft: Er ernährt sich nämlich von Würmern (!) und Muscheln.

Seehunde und Robben

Das sind angenehme Zeitgenossen, die sich nur in der Größe (Robben werden größer als Seehunde) und in der Kopfform (Robben haben einen kegelförmigen Kopf) unterscheiden. Sie sind meistens weit draußen auf den Sandbänken zu finden, scheuen die Menschen, leben in Rudeln und benötigen etwa 5 kg Nahrung am Tag. Die besteht vor allem aus Fischen, Tintenfischen und Krebsen.

Immer wieder finden Strandwanderer „verlassene" junge Seehunde, die scheinbar Klagelaute ausstoßen (daher der Name Heuler). Es sind junge Robben, die über die Laute Kontakt zu ihren Müttern halten. Wer einen Heuler entdeckt, sollte einen großen Bogen machen, da Jungtiere, die von Menschen angefasst wurden, von ihren Müttern nicht mehr angenommen werden. Sie sind dann ein Fall für die Aufzuchtstation.

Flunder

Ich muss euch unbedingt noch von den Fischen erzählen: Das sind nämlich in meinen Augen auch alles Verbrecher. Schließlich ernähren sie sich von meinesgleichen, Muscheln und Garnelen. Aber weit und breit ist kein Fisch in Sicht – logisch: Es ist ja Niedrigwasser!

Aber zur Flunder solltet ihr trotzdem etwas wissen: Sie ist nämlich in der Nordsee weit verbreitet und ist ein typischer Bodenfisch, das heißt, dass sie sich gerne am Boden bewegt und ihm auch farblich angepasst ist.

Fertige für die verschiedenen Tiere Steckbriefe an (berücksichtige dabei: Aussehen der Tiere, Nahrung, besondere Merkmale). Du kannst sie außerdem malen.

Nationalpark Wattenmeer

Ein einzigartiger Lebensraum

Das trocken gefallene Watt knistert leise, im flachen Wasser tummeln sich Garnelen und kleine Fische, rauschend steigt ein riesiger Vogelschwarm in die Luft. Seehunde ziehen auf den Sandbänken ungestört ihre Jungtiere auf. Hier ist die Kinderstube vieler Nordseefische. Und auf den Salzwiesen sammeln sich in jedem Frühjahr und Herbst Millionen Zugvögel. Salzwiesen sind jene Bereiche zwischen Wattenmeer und Deich, in denen nicht nur Vögel, sondern auch seltene Pflanzen leben. Der Queller zum Beispiel verträgt sogar Salzwasser. Wegen seiner Artenvielfalt gilt das Wattenmeer vor der niederländischen, deutschen und dänischen Nordseeküste als weltweit einzigartiger Lebensraum.

Naturschutz – warum?

Das Wattenmeer ist für viele Tiere und Pflanzen lebenswichtig. Deshalb ist der Schutz der Meere und ihrer Tier- und Pflanzenwelt eine wichtige Zukunftsaufgabe.

Würde das Wattenmeer zerstört, hätte das nicht nur Auswirkungen auf die Fischerei, sondern auch auf die Vogelwelt großer Gebiete der Nordhalbkugel. Eine wichtige „Raststätte" auf dem Vogelzug könnte nicht mehr angeflogen werden. Ein zerstörtes Wattenmeer wäre aber auch für Feriengäste nicht mehr reizvoll. Damit verlören viele Orte an der Küste ihre wichtigste Einnahmequelle.

Naturschutz ist an der Nordsee also eine wichtige und lohnende Aufgabe. 1986 wurden deshalb drei **Nationalparks** eingerichtet, die zusammen den Nationalpark Wattenmeer bilden.

2 *Gefährdung des Wattenmeeres*

Schutzzonen

Zum Schutz des Wattenmeeres wurde der Nationalpark in drei verschiedene Zonen aufgeteilt: Ruhezone, Zwischenzone und Erholungszone.

Ruhezone: Hierzu gehören Wattflächen und Seehundsbänke, Dünen und Salzwiesen. In diesem Bereich gelten die strengsten Regeln. Urlauber dürfen diese Zone nicht oder nur auf extra markierten Wegen betreten. Vor allem die Tiere sollen nicht gestört werden. Fisch- und Krabbenfang sind hier nur eingeschränkt erlaubt.

Zwischenzone: Das Betreten der Zone, Wattwandern und Boot fahren sind hier erlaubt. Einzelne Gebiete, z. B. Brutgebiete dürfen jedoch nur auf markierten Wegen begangen werden.

Erholungszone: Zu dieser Zone gehören die Badestrände sowie die Kur- und Erholungseinrichtungen. Motorfahrzeuge sind hier verboten.

1 *Der Nationalpark Wattenmeer ist etwas Besonderes! Erkläre mit eigenen Worten.*

2 *Warum ist es so wichtig, einen Nationalpark einzurichten? Nenne drei Gründe.*

3 *Arbeite mit der Zeichnung 2:*
Trotz des Schutzes droht dem Wattenmeer Gefahr von außen.

a) Beschreibe die dargestellten Problemsituationen und stelle die Folgen heraus.

Problem	mögliche Folgen
Abwasser wird eingeleitet	Verseuchung/ Fischsterben
...	...

b) Schreibe Regeln auf, die dem Schutz des Wattenmeeres dienen. Begründe in ganzen Sätzen. Beispiel: Das Einleiten von Abwässern ist zu verbieten, weil es die Meere verseucht und die Fische dadurch sterben.

TERRAMethode

An der Nordsee

Eine Mindmap erstellen

Wattenmeer, Nationalpark, Seehunde, Ruhezone, Müll, Ölpest ...
„Oh je, das schaffe ich nie!", stöhnt Marc. So viele Begriffe der letzten Stunden schwirren ihm im Kopf herum. Wie nun alle Informationen in den Kopf bekommen und den Überblick nicht verlieren?
Nicht jeder Begriff ist wichtig. Viele Begriffe lassen sich unter einem Oberbegriff zusammenfassen: „Krebs", „Fisch", „Möwe", „Wattwurm" lassen sich dem Oberbegriff „Tierarten des Wattenmeeres" zuordnen. Eine Mindmap kann helfen, einen guten Überblick über ein umfangreiches Thema zu bekommen.

Viele Sachverhalte können wir nicht sofort überblicken, weil sie zunächst zu verworren sind. Dann hilft es eine Gedankenkarte, eine Mindmap, anzulegen. Mit einer solchen Mindmap können wir unsere Gedanken sammeln, sortieren und übersichtlich darstellen.

1. Schritt: Gedanken sammeln
Notiere wichtige Gedanken zum Thema in deinem Heft. Schreibe diese so auf, wie sie dir gerade einfallen. Beschränke dich dabei möglichst auf ein Wort.

2. Schritt: Ordnen der Begriffe
Nun beginnst du die aufgeschriebenen Begriffe zu ordnen. Suche Oberbegriffe, denen du deine Gedanken zuordnen kannst.

Wattenmeer	
Tierarten	**Nationalpark**
Muscheln	Ruhezone
Möwen	Erholungszone
Wattwurm	?
Seehunde	?
?	?
Schutz	
Erholung	
naturkundliche Bildung	

❶ *Geordnete Begriffe*

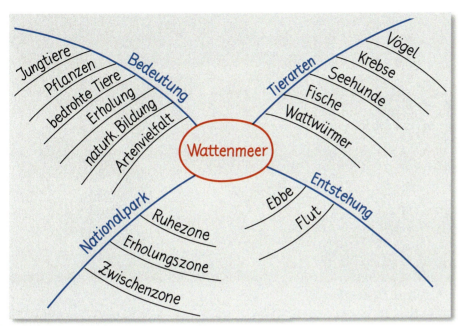

❷ *Gedankenkarte Wattenmeer*

3. Schritt: Gedankenkarte erstellen

Thema in der Mitte: Lege ein Blatt quer vor dich hin und schreibe das Thema in die Mitte des Blattes. Kreise das Thema ein.

Oberbegriffe als Äste: Zeichne mit einer neuen Farbe nun von der Mitte nach außen die Äste. Schreibe die Oberbegriffe so auf die Äste, dass man die Begriffe gut lesen kann.

Unterbegriffe als Zweige: Zeichne mit einer dritten Farbe an die Äste dünnere Zweige. Beschrifte auch diese mit den Begriffen, die zu den Oberbegriffen gehören.

❸ *Gedankenkarte Gefährdung des Wattenmeeres*

1 Ergänze die Gedankenkarte 3 zum Thema Gefährdung des Wattenmeeres in deinem Heft.

An der Nordsee

① Deich bei Dagebüll nach der Sturmflut am 28. Februar 1990

② Küstenverlauf um 900

③ Küstenverlauf heute

④ **Kleiner Sturmflutkalender**
16.1.1362 („Große Mandränke"): 100 000 Tote; riesige Landverluste
11.10.1634 („Zweite Mandränke"): über 6 000 Menschen und 50 000 Tiere ertrunken, Untergang großer Teile der Nordfriesischen Inseln
24.12.1717 (Weihnachtsflut) 20 000 Menschen und 100 000 Tiere umgekommen; 5 000 Häuser zerstört
3./4.2.1825 (1. Februarflut): Größte Sturmflut im 19. Jahrhundert; 800 Tote
16./17.2.1962 (2. Februarflut): Im Gebiet um Hamburg 312 Menschen ertrunken; entlang der Elbe 60 Deiche gebrochen; 20 000 Menschen evakuiert
3.1.1976 (Januarflut): Große Flutwelle an der gesamten deutschen Nordseeküste; zahlreiche Deichbrüche; keine Toten
25.11.1981 Vierte große Sturmflut im 20. Jahrhundert; keine Deichbrüche
26.–28.2.1990: zwei Sturmfluten, Schäden nur am Deich in Dagebüll

Küste in Gefahr

Der Wind fegt vom Meer übers Land, kein Flugwetter mehr für die Möwen, die nun in Scharen auf den Wiesen und den Ästen hocken. Die Brise hat sich zum Sturm gemausert. Vor etwa fünf Stunden haben die Behörden in den Orten an der Küste Warnungen von der Zentrale in Hamburg erhalten.

Es besteht kein Zweifel: Das Wasser wird weit höher steigen als normal, gefährlich hoch. Dazu kommt noch der Orkan aus Nordwest. Der Sturm presst das Wasser in die Bucht und gegen die Deiche.

Alarm wird ausgelöst. Deicharbeiter, Freiwillige Feuerwehren, Polizei, Rotes Kreuz und andere Helfer sind auf den Beinen – überprüfen Fahrzeuge und Gerät. Funksprechgeräte quäken, Telefone schrillen. Vielleicht nur noch eine Stunde und der Deich ist in Gefahr.

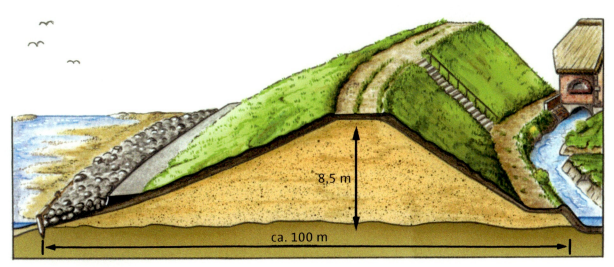

5 *Deichbau an der Küste*

Küstenschutz

Das Meer bedroht die Küste. Wenn sie überflutet wird, kann Land verloren gehen. Um dies zu verhindern, werden verschiedene Maßnahmen des Küstenschutzes getroffen.

Den wichtigsten Schutz für die Nordseeküste bieten die **Deiche**. Daneben gilt: Dünenschutz ist Inselschutz. Arbeiter bepflanzen die Dünen mit Strandhafer, um das Abtragen des Sandes zu verhindern. In einigen Küstenabschnitten wird schließlich Sand auf die Wattufer gespült, der einige Jahrzehnte liegen bleiben kann und so die Abtragung verringern soll. Es gibt aber auch Abschnitte, an denen die weitere Abtragung bislang nicht verhindert werden konnte.

1 *Beschreibe die Schäden und die Maßnahmen am Deich bei Dagebüll (Foto 1).*

2 *Beschreibe das Deichprofil 5 und erkläre die Form des Deiches.*

3 *Beschreibe mithilfe der Karten 2 und 3 die Veränderungen an der nordfriesischen Küste.*

4 *Sturmflutkalender 4: In welcher Jahreszeit ereignen sich Sturmfluten hauptsächlich? Wie hat sich das Schadensausmaß zwischen 1362 und 1990 geändert?*

An der Nordsee

Aus der Nordsee auf den Tisch

Kaum zu glauben
Eine Krabbe lebt im Durchschnitt nur drei Jahre, kann in dieser Zeit aber bis zu 36 000 Nachkommen produzieren.

Martin ist mit seinen Eltern diesen Sommer nach Büsum an die Nordseeküste gefahren. Besonders begeistert ist er vom Hafen. Hier laufen jeden Tag die Krabbenkutter mit ihrem Fang ein. „Gerne würde ich einmal auf so einem Kutter mitfahren", denkt er.

Als seine Eltern abends ihren Pensionswirt danach fragen, erfahren sie überrascht, dass er selbst Krabbenfischer ist. „Der Verdienst eines Krabbenfischers ist oft so niedrig, dass wir zusätzlich Zimmer vermieten oder Kutterfahrten für Urlauber anbieten, um das nötige Geld zu verdienen. Durch die immer schlimmere Umweltverschmutzung ist der Krabbenbestand gefährdet. Und der Nationalpark Wattenmeer ist zwar gut für die Umwelt und die Krabben, aber hier ist der Krabbenfang nur eingeschränkt erlaubt. Das verringert natürlich unsere Einnahmen." Er verspricht, Martin auf eine Krabbenfahrt mitzunehmen.

Auf Krabbenfang
Zwei Tage später ist es soweit. Schon um fünf Uhr heißt es: Auslaufen! Rechts und links vom Kutter hängen weit geöffnet die großen Fangnetze. Martin ist ganz aufgeregt und zuckt plötzlich zusammen: Mit Ächzen und Quietschen werden die Netze noch in Küstennähe zu Wasser gelassen. Unten an den Netzen kann er Rollen erkennen. Sie scheuchen die Krabben vom Meeresboden auf, sodass sie in die feinmaschigen Netze gehen.

Bald ergießt sich der Fang an Bord des Kutters. Doch wo sind die rosa Krabben? Martin erblickt nur einen Haufen kleiner grauer Tiere, es müssen Tausende sein. Sie sehen nicht sehr lecker aus. „Warte ab, was jetzt passiert", sagt der Kapitän. Schnell kommt der Fang in die Sortier- und Siebmaschine. Hier wird alles bis auf die grauen Krabben aussortiert. Sogar einen großen Krebs entdeckt Martin. Schnell wirft er ihn wieder zurück ins Meer. Danach werden die Krabben gespült und gereinigt und anschließend sofort in einem Kessel mit Meerwasser gekocht. So können sie nicht verderben. Nun haben die Tiere auch endlich ihre rosa Farbe. Damit die Krabben bis zur Rückkehr möglichst frisch bleiben, werden sie auf dem Schiff in Kisten kühl gelagert.

Noch mehrmals werden die Netze nach diesem ersten Fang ein- und ausgeholt, bis der Kutter am Mittag wieder in Büsum einläuft. Martin ist froh, wieder zurück zu sein. Es war zwar spannend – aber Meeresluft macht doch sehr müde.

Krabben auf Achse

Während Martin sich ausruht, beginnt das Krabbenpulen: Das Krabbenfleisch wird aus dem Panzer herausgeschält. Diese Arbeit ist mühsam und erfordert viel Geschick und Übung. Früher verdienten sich die Büsumer Hausfrauen mit dem Krabbenpulen etwas Geld. Heute werden die Krabben oft mit Kühlwagen in andere Länder transportiert und dort gepult, z. B. nach Polen. Denn dort sind die Arbeitskräfte billiger. Wenn die Krabben zurückkommen, sind sie allerdings wegen der langen Transportzeit nicht mehr so frisch. Daher werden immer häufiger Krabbenpulmaschinen verwendet. Diese sind inzwischen so gut entwickelt, dass es billiger ist die Maschinen zu verwenden, als die Krabben auf die lange Reise zu schicken. In Büsum stehen bereits zwei Maschinen.

1 Beschreibe, wie die Krabben aus der Nordsee auf den Tisch kommen (Text, Fotos 1–3).

2 Überlege, warum die Krabbenfischerei im Nationalpark Wattenmeer eingeschränkt ist.

An der Nordsee

Stadtwappen von Hamburg

Welthafen Hamburg

Container über Container
Morgens um 7 Uhr am Burchardkai. Es sind kaum Menschen zu sehen. Und doch wird hier mit Hochbetrieb gearbeitet. Gerade wird am Kai ein 280 m langes Schiff aus Shanghai entladen. Es hat tausende von gleich großen bunten Containern an Bord. Drei riesige computergesteuerte Containerbrücken gleiten auf ihren Schienen nach rechts und links, heben die Container vom Schiff und setzen sie auf den Boden ab. Hier werden sie von einem Trägerfahrzeug aufgenommen und zu ihrem Stellplatz am Kai gebracht. Überall sieht man nur modernste Technik, kein überflüssiger Weg, kein überflüssiges Wort. Mit Höchstgeschwindigkeit wird hier gearbeitet, 24 Stunden rund um die Uhr an 365 Tagen im Jahr – denn Zeit ist Geld.

Der Hamburger Hafen boomt. Das gilt vor allem für den Containerhafen. Er steht heute auf Platz 8 der Weltrangliste der **Seehäfen.** Gleichzeitig ist er der größte Umschlagplatz für Bahncontainer.

Güter über Güter
Ob Gemüse, Butter, Gewürze, Kohle, Motorräder oder Getreide – der Hamburger Hafen ist Lager- und Umschlagplatz für Güter aller Art: für **Stückgüter**, die in Kisten, Kartons, Säcken, Ballen und Containern verpackt sind, sowie für **Massengüter**, die in großer Menge unverpackt transportiert werden. Riesige Freiflächen stehen zur Zwischenlagerung von Erzen und Baustoffen zur Verfügung. Flüssiggüter wie Mineralöl werden in spezielle Tanks gepumpt. Güter wie Kaffee, Kakao, Gewürze oder Baumwolle werden in riesigen Hallen der alten

Speicherstadt gelagert. Für verderbliche Güter wie Butter, Fleisch, Bananen oder Blumen gibt es Kühllager.

Und für die vielen Güter, die gleich weiter ins Hinterland transportiert werden, ist der Hamburger Hafen an ein gut ausgebautes Verkehrsnetz angeschlossen.

1 Ordne nach Stückgütern und Massengütern: Baumwollballen, Salz, Kies, Weizen, Lokomotiven, Schrott.

2 a) Nenne Vorteile, die der Güterumschlag mit Containern hat.
b) Beschreibe andere Formen des Güterumschlags (Zeichnung 4).

3 Arbeite mit dem Atlas:
Warum hat Hamburg für den Güterumschlag eine besonders günstige Lage?

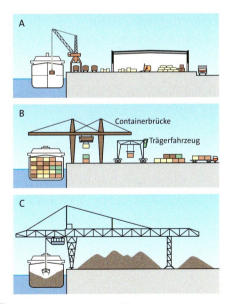

Formen des Güterumschlags

TERRAMethode

An der Nordsee

Vieles auf der Welt wird gezählt, abgemessen und verglichen. So sammeln sich viele Zahlen an. Zahlen kann man in einer Tabelle besonders übersichtlich zusammenstellen.
Wie du einer Tabelle Informationen entlocken kannst, lernst du hier.

Eine Tabelle auswerten

1. Schritt: Überblick verschaffen
Worum es geht, auf welches Thema sich die Zahlen beziehen, erkennst du im Titel der Tabelle.

2. Schritt: Inhalte klären
Jede Tabelle hat eine Vorspalte und einen Tabellenkopf: Den Inhalten, die in der Vorspalte aufgelistet sind, werden andere Punkte des Tabellenkopfs gegenübergestellt.
In Tabelle 1 werden zum Beispiel die Güterarten des Hamburger Hafens den Jahreszahlen gegenübergestellt. Beachte, dass manche Zeilen die Summe aus anderen Zeilen bilden: Flüssigladung, Saug- und Greifergut ergeben z. B. das Massengut.

3. Schritt: Welche Maßeinheiten werden verwendet?
Eine Zahl ohne Maßeinheit sagt überhaupt nichts aus. Zu den meisten Zahlen der Tabelle 1 gehört die Einheit „Millionen Tonnen" (Mio. t). Andere Werte dagegen geben eine Anzahl ohne Einheit an.

4. Schritt: Zahlen auswerten
Betrachte zunächst die Zahlen einer Zeile oder einer Spalte und werte diese aus. Schreibe deine Erkenntnisse in ganzen Sätzen auf. Darauf musst du achten:
a) Besonders große und kleine Werte (siehe Beispiel 1).
b) Entwicklungen wie Wachstum, Rückgang, Stillstand, Schwankung. Vorsicht: Viele Tabellen enthalten unterschiedliche Zeitsprünge (siehe Beispiele 2 und 3).

Schritt 5: Zahlen untereinander in Beziehung setzen
Durch den Zahlenvergleich können wir Entwicklungen und Anteile beschreiben (siehe Beispiele 4 und 5).

① Güterumschlag im Hamburger Hafen

Jahr	1990	1998	1999	2000	2001	2002
Gesamtumschlag (in Mio. t)	61,4	75,8	81	85,1	92,4	97,6
Massengutumschlag	32,8	35,9	37,3	36,4	39,2	37,5
Flüssigladung	15,3	13,7	13,3	11,6	13,6	11,5
Sauggut	4,9	5,7	7	7,8	6,8	6,2
Greifergut	12,6	16,4	17	17	18,8	19,9
Stückgutumschlag	28,6	40,0	43,7	48,7	53,2	60,1
Container (in Mio. t brutto)	20,3	36,1	40	45,3	49,8	57,2
Anzahl	1969	3547	3738	4248	4689	5374

Überschrift
Tabellenkopf
Vorspalte
Zeile
Spalte

Brutto = Gewicht der Verpackung + Gewicht des Inhalts

② Auswertungsbeispiele

Beispiel 1: „Der Gesamtumschlag der Güter im Hamburger Hafen erreichte 2002 mit 97,6 Mio. t den höchsten Wert."

Beispiel 2: „Die Anzahl der Container, die am Hamburger Hafen umgeschlagen wurden, hat sich von 1990 bis 2002 fast verdreifacht."

Beispiel 3: „Das Gewicht des transportierten Saugguts bewegte sich von 1990 bis 2002 im Bereich von 4,9 bis 7,8 Mio. t pro Jahr."

Beispiel 4: „Im Jahr 2002 hatte der Stückgutumschlag eine größere Bedeutung als der Massengutumschlag, 1990 war es noch umgekehrt."

Beispiel 5: „Fast der ganze Stückgutumschlag bestand 2002 aus Containern. Mehr als die Hälfte des Güterumschlags wurde in Containern abgefertigt."

③ Vergleich der wichtigsten Nordseehäfen

Jahr	1993	1998	1999	2000	2001	2002
Containerumschlag (in 1 000 Stück)						
Antwerpen	1876	3266	3614	4082	4218	4777
Bremen/Bremerhaven	1358	1811	2201	2752	2915	2999
Hamburg	2486	3547	3738	4248	4689	5374
Rotterdam	4161	6011	6343	6275	6096	6515
Marktanteil (Anteil von 100 umgeschlagenen Containern)						
Antwerpen	19,0	22,3	22,7	23,5	23,5	24,3
Bremen/Bremerhaven	13,7	12,4	13,8	15,9	16,3	15,2
Hamburg	25,2	24,2	23,5	24,5	26,2	27,3
Rotterdam	42,1	41,1	39,9	36,2	34,0	33,1

④ Null ist nicht nichts!
- – bedeutet nichts
- k. a. Keine Angabe
- . heißt unbekannter Wert
- 0 bedeutet auf Null abgerundet z. B. 350 000 t stehen in der Tabelle mit 0 Mio. t

1 Werte die Tabelle 1 aus.
2 Werte die Tabelle 3 aus.

→ TERRATraining

An der Nordsee

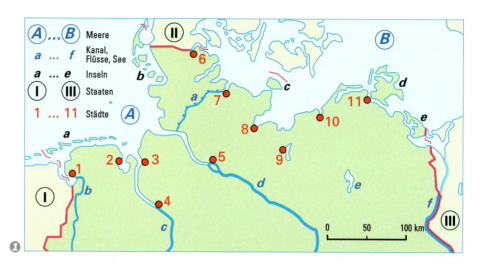

Wichtige Begriffe
Deich
Ebbe
Flut
Gezeiten
Küstenschutz
Massengut
Nationalpark
Saison
Seehafen
Stückgut
Tourismus
Watt

1 Kennst du dich an der Küste aus?
Arbeite mit der Karte.
a) Benenne die Meere A und B,
b) die Inselgruppen/Inseln a–e,
c) die Städte 1–11,
d) die Gewässer a–f,
e) die drei Nachbarstaaten I–III.

2 Findest du die Begriffe?
– *Von Schlick bedeckter Küstenbereich*
– *Ansteigen des Meeresspiegels*
– *Flut bei sehr stürmischem Wetter*
– *Damm, der das dahinter liegende Land vor Überschwemmungen schützt*
– *Absinken des Meeresspiegels*
– *Regelmäßiger Wechsel von Ebbe und Flut*
– *Kleines Schiff in der Fischerei*
– *Schutzgebiet mit besonderen Zonen*

3 Eine wahre Geschichte?
Was hat Karli Schlau verkehrt gemacht?

Karli Schlau ist auf Juist im Urlaub. Sofort nimmt er seine Schwimmsachen und los geht's. Das Meer ist ganz weit hinten, außerdem wundert er sich, dass niemand im Wasser ist. „Ist wohl zu kalt für die anderen", denkt er und stürmt nach langem Fußmarsch in die Fluten. Als er zurück schwimmt, wundert er sich über die Mühen, aber er hat ja schließlich noch keine Kondition. Und nun ein Sonnenbad. „Ich lege mich doch nicht an den Strand, wo alle meinen dicken Bauch sehen können", überlegt er und sucht sich ein Plätzchen mitten in den Dünen zwischen den jungen Anpflanzungen. Bald ist ihm langweilig. Er geht nach Hause und holt seine Angelrute. Auf dem Weg ins Watt steht ein Hinweisschild auf dem Deich: „Ruhezone". „Ist doch Klasse, da stört mich wenigstens keiner", denkt er sich und stapft in das wadenhohe Wasser. „Ein Fisch muss her, schließlich bin ich ja nicht umsonst am Meer!"

4 Bilderrätsel
Löse die Bilderrätsel und erkläre die gesuchten Begriffe.

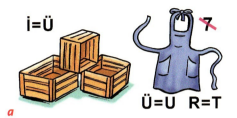
a

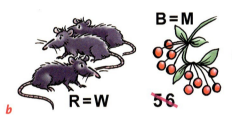
b

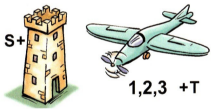
c

5 Füge die Wortteile zusammen:

❷ **Der größte deutsche Seehafen**
ist ... an der ... . Der Hafen ist ... für Güter aller Art. Von hier werden die Güter ins ... weitertransportiert.

6 Bildunterschrift gesucht!
Ergänze die Bildunterschrift des Fotos 2.

7 Richtig oder falsch?
Verbessere die falschen Aussagen und schreibe sie richtig auf.
– Den Zeitraum zwischen niedrigstem und höchstem Wasserstand nennt man Gezeiten.
– Zum Schutz der Tiere und Pflanzen im Wattenmeer wurde ein Nationalpark eingerichtet.
– Der Verlauf der Nordfriesischen Küste sah vor 1000 Jahren anders aus als heute.
– Der Hamburger Hafen ist der bedeutendste Containerhafen der Welt.

Teste dich selbst
mit den Aufgaben 1d, 4a und 6.

In den Alpen

In den Alpen

① *Das Matterhorn*

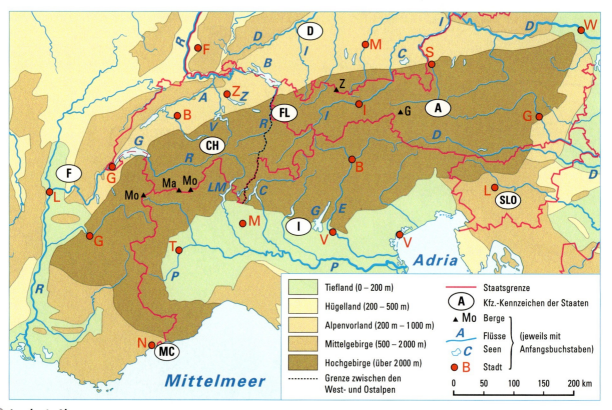

② *Lernkarte Alpen*

Lust auf Gebirge

Das Matterhorn gilt als der schönste und bekannteste Berg der Alpen. Von den Touristen werden aber zu Recht die ganzen Alpen besucht, weil sie als **Hochgebirge** das ganze Jahr faszinierend sind. Schließlich erstreckt sich Europas größtes und höchstes Gebirge von Nizza bis Wien. Spitze Gipfel mit Höhen über 4 000 m erheben sich über malerischen Tälern und Bergseen. Wild zerklüftete Felswände ragen steil empor, an deren Hängen mächtige Wasserfälle hinabstürzen. Sattgrüne Almen und prächtige Blumenwiesen laden im Sommer die Urlauber zum Verweilen ein. Im Winter lassen sich tausende von Skifahrern und Snowboardern in Liften und Gondeln auf die Berge bringen, um anschließend die Pisten wieder hinunterzuflitzen.

1 Was kennzeichnet ein Hochgebirge? Arbeite auch mit den Bildern 1 und 3.
2 Arbeite mit Karte 2 und dem Atlas:
  a) Nenne die Namen der Staaten, die an den Alpen Anteil haben.
  b) Erstelle eine Liste aller Städte. Notiere wie folgt:

Stadt	Staat
Bern	Schweiz
...	...

  c) Ermittle Namen und Höhe der fünf eingezeichneten Berge. Welcher von ihnen ist die höchste Erhebung Deutschlands?

❸ *Wanderer im Hochgebirge*

In den Alpen

❶ *Gesteinsfalten in den Alpen*

Wie sind die Alpen entstanden?

Schon lange wollten die Menschen wissen, wie und warum das gewaltige Hochgebirge der Alpen entstanden ist. Geologen suchten nach Hinweisen und fanden viel Erstaunliches.

In den Felsen im Bereich hoher Alpengipfel waren versteinerte Muscheln und Reste anderer Meerestiere eingebettet. Es erschien rätselhaft, wie diese Fossilien von der Meerestiefe in diese Höhen gekommen sind. Man hielt sie deshalb anfangs für Überreste der Sintflut.

Außerdem sehen viele Gesteine in den Alpen aus, als ob sie wie ein Teig geknetet worden wären. Dies konnte nur unter unvorstellbarem Druck passiert sein. Unerklärlich erschienen aber die Kräfte, welche imstande waren, die riesigen Gesteinsschichten in Falten zu legen.

Wenn es im Zeitalter der Dinosaurier schon Menschen und Städte gegeben hätte, hätten damals Zürich und Mailand doppelt so weit auseinander gelegen wie heute. Dies kommt daher, dass Zürich und Mailand auf zwei verschiedenen Platten der Erdkruste liegen. Diese schwimmen auf dem zähflüssigen Erdinnern wie Eisschollen auf Wasser. Afrika trieb auf Europa zu und stieß mit unglaublicher Kraft dagegen. Die „Knautschzone" zwischen beiden bildete ein Hochgebirge, die Alpen!

❷ *Muschelreste in den Alpen*

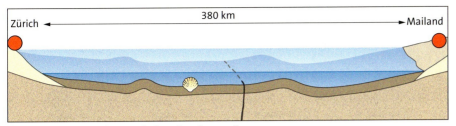
❸ **Vor 180 Millionen Jahren: Zeitalter der Dinosaurier**

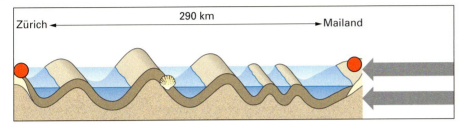
❹ **Vor 65 Millionen Jahren: Die Dinosaurier sterben aus**

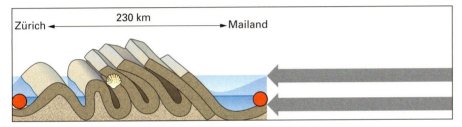
❺ **Vor 20 Millionen Jahren**

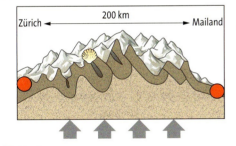
❻ **Heute**

Kaum zu glauben:
Erdplatten bewegen sich durchschnittlich mit einer Geschwindigkeit von nur etwa 1 mm im Jahr. Deine Fingernägel wachsen 20 mal schneller!

1 Ordne die folgenden vier Sätze jeweils der passenden Abbildung zu:
a) Schichten werden durch den andauernden seitlichen Druck übereinandergeschoben; Mailand und Zürich rücken noch mehr zusammen.
b) In einem Meeresbecken werden Gesteinsschichten und Reste von Lebewesen abgelagert.
c) Durch Druck von unten wird der Bereich der Alpen stark gehoben. Als Folge der Niederschläge wird das Gebirge gleichzeitig abgetragen.
d) Durch seitlichen Druck werden die Gesteinsschichten in Wellen oder Falten gelegt. Mailand und Zürich kommen einander erstmals näher.

2 Wie kommt die Muschelschale auf den Alpengipfel? Beschreibe den Weg mit Hilfe der Abbildungen 3 – 6.

In den Alpen

Höhenstufen in den Alpen

An einem schönen Sommernachmittag stürmen wir die Talstation der Schönalpbahn, um auf 3 000 m Höhe die Aussicht zu genießen.

Der Blick aus dem Fenster der Gondel fällt auf blühende Büsche, Felder und Obstgärten.

Langsam gewinnt die Gondel an Höhe. Im Wald unter uns sind Buche und Bergahorn zu erkennen. Wenig später bestimmen Fichten, Lärchen und Kiefern das Erscheinungsbild des Waldes.

Ein Blick auf den Höhenmesser zeigt 1 500 m, die Nadelbäume werden kleiner, teilweise krummwüchsig. Der Wald lichtet sich und gibt den Blick frei auf die Matten. Vereinzelte niedrige Sträucher sowie Bergwiesen mit zahllosen Blumen und Kräutern prägen nun die Landschaft. Hier weiden Rinder und Schafe.

Nahe der Gipfelstation taucht eine richtige Winterlandschaft auf. Schroffe Felsen heben sich dunkel von den hellen Schneeflächen ab.

❷

In der Höhe wird es kälter

Mit Zunahme der Höhe wird es immer kälter, eine Erfahrung, die wir bei jeder Seilbahnfahrt machen können. Der Temperaturrückgang beträgt etwa 0,5 °C auf 100 m. Dementsprechend ändert sich die Pflanzenwelt in Abhängigkeit von der Wachstumsdauer der Pflanzen und von der Temperatur, man spricht von **Höhenstufen**. Die Grenzen zwischen den einzelnen Stufen sind nicht starr. Sie ändern sich zum Beispiel an einem Südhang, der mehr Sonnenstrahlung abbekommt als ein Nordhang.

❶

1. Beschreibe die vier Fotos und ordne sie den Höhenstufen zu.
2. Lege eine Tabelle an, in der du die Höhenstufe, charakteristische Pflanzen und die Nutzung durch den Menschen notierst.
3. In welcher Stufe dauert das Pflanzenwachstum am längsten?
4. Du beginnst deinen Aufstieg in einer Höhe von 500 m bei 16 Grad. Mit welcher Temperatur musst du auf 2 100 m rechnen?

❺

❸

*Die **Wachstumszeit** ist die Zahl der Tage eines Jahres, in denen die Pflanzen wachsen.*

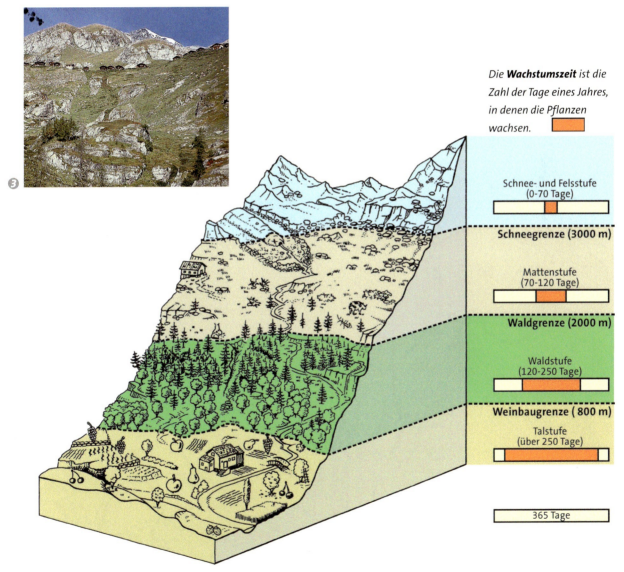

❹ **Modell der Höhenstufen in den Südalpen**

45

Murmeltier & Co

1 Hallo! Ich heiße Ben. Die meisten Menschen haben mich und meine Familie noch nie gesehen. Und das hat mehrere Gründe.
5 Wir leben im Hochgebirge oberhalb der Baumgrenze in 1 500 bis 3 000 m Höhe. Dort kommen nur selten Menschen hin. Und lässt sich mal einer blicken, so warnt unser Wachposten alle mit einem
10 schrillen Pfiff und wir verschwinden in unseren Bauten unter der Erde. Dort verbringen wir auch den Winterschlaf. Stellt euch das mal vor: Wir schlafen sieben Monate, von Oktober bis April!
15 Denn so lange herrscht hier Winter und wir würden nichts zu fressen finden.
Im Sommer allerdings sind Murmeltiere pausenlos unterwegs, immer auf der Suche nach Nahrung. Wir fressen nicht
20 nur Gräser und Kräuter, sondern auch Wurzeln. Da kann es schon einmal passieren, dass wir einige der seltenen Alpenblumen anknabbern, das Edelweiß, den blauen Enzian, die Alpenrose oder
25 die Gletschernelke. Diese Blumen stehen unter Naturschutz, aber wir Murmeltiere wissen das doch gar nicht!
Es ist wichtig, dass immer einer von uns aufpasst, wenn wir etwas zu fressen su-
30 chen. Gefahr droht hier vor allem aus der Luft. Der Steinadler, Deutschlands größter Greifvogel, wartet nur darauf, dass er einen von uns gefasst bekommt. Soll er sich doch lieber ein Schneehuhn
35 holen. Oder einen Schneehasen, der sich mit seinem hellen Fell sowieso nicht gut verstecken kann! Manchmal jagt der Steinadler auch eine der jungen Gämsen. Da haben selbst diese gu-
40 ten Kletterer keine Chance.
Ab und zu bekommen wir Besuch von einigen Alpensteinböcken. Fast waren sie ausgestorben, weil die Menschen sie rücksichtslos gejagt haben. Aber inzwi-
45 schen haben sich die Steinböcke wieder vermehrt und leben streng geschützt.
An feuchten Stellen, die es wegen der Schneeschmelze und der hohen Niederschläge hier oben reichlich gibt, lebt
50 der Alpensalamander. Er ist ein scheuer

Bursche, den man wegen seiner schwarzen Tarnfarbe kaum erkennen kann. Außerdem versteckt er sich noch unter Steinen und Geröll, sodass selbst wir Murmeltiere ihn nur selten zu Gesicht bekommen.
Auch der Auerhahn lebt in dieser Höhe, meistens aber dort, wo bereits die ersten Latschenkiefern wachsen. Da sitzt er auf den obersten Ästen, plustert sich auf und balzt um seine Auserwählte. Mit seinem blaugrünen Gefieder sieht er toll aus, aber singen kann er nicht.
Jetzt habt ihr einen kleinen Eindruck, wem ihr hier oben alles begegnen könnt. Aber denkt daran: Wenn ihr einen schrillen Pfiff hört, dann haben wir euch zuerst gesehen!

In den Alpen

❶ *So groß können Hagelkörner sein.*

❷ *Eine Staublawine rast ins Tal*

Kaum zu glauben
Eine Lawine kann eine Geschwindigkeit von bis zu 350 km/h erreichen.

Alles Gute kommt von oben?

❸ **Noch einmal gut gegangen!**
Österreich: Vierköpfige Familie auf Bergtour von Unwetter überrascht. Rettung in letzter Sekunde.

Die Familie befand sich an einem schönen Septembertag auf einer Wanderung im Hochgebirge, als ihr am zuvor noch klaren Himmel erste Wolken und eine merkliche Abkühlung auffielen. Wenige Minuten später prasselten Hagelkörner groß wie Tischtennisbälle nieder, sodass sich die Familie in eine Hütte flüchten musste, um nicht verletzt zu werden.

Wetterexperten sprechen in solchen Fällen von einem schnellen Wetterumschwung, mit dem man im Hochgebirge rechnen muss.

Wenn der Schnee rutscht ...
Ein Wetterumschwung ist nicht die einzige Gefahr, die im Hochgebirge anzutreffen ist.

Jeden Winter werden durch **Lawinen** Straßen und Ortschaften verschüttet und Menschen getötet. Als Lawine wird eine Rutschung am Berg bezeichnet, bei der sich große Mengen Schnee ins Tal bewegen. Besonders hohe Lawinengefahr besteht bei großen Mengen von Neuschnee an steilen und unbewaldeten Berghängen. Aus diesem Grund sollten Wanderungen und Skifahrten abseits der Wege und Skipisten nur unter fachkundiger Leitung durchgeführt werden. Um Straßen und Siedlungen vor Lawinen zu schützen, werden Schutzzäune am Berg errichtet. Oberhalb mancher Orte befinden sich streng geschützte Bannwälder, die die Schneemassen von bedrohten Dörfern ablenken. Gefährdete Straßen werden von Galerien überdacht, sodass Lawinen über sie hinwegfließen können.

④ *Von einer Mure zerstörte Almhütten*

⑥ *Galerie und Bannwald*

⑦ *Lawinenschutzzäune*

Auch im Sommer drohen Gefahren, z. B. **Muren**. Nach langem Regen hat sich der Boden wie ein Schwamm mit Wasser vollgesaugt. Hierbei können hunderte Tonnen von Schlamm und Geröll in Bewegung geraten und zu Tal rutschen.

1 a) Beschreibe Gefahren, die Menschen im Hochgebirge drohen.
b) Skifahrer und Snowboarder sind häufig Opfer von Lawinen. Begründe.
c) Wie können sich Einheimische und Urlauber vor den Gefahren schützen?

2 a) Ergänze Experiment 5: Errichte mit Wollfäden kleine Schutzzäune. Beschreibe deine Beobachtungen nach einer erneuten Durchführung.
b) Übertrage das Experiment in die Wirklichkeit. Erläutere die Funktionen einzelner Bestandteile (Mehl, Nägel, …).

⑤ **Eine Lawine im Klassenzimmer**
Material: Pappkarton, Stift, Schrauben, Mehl, Holzbrett
Durchführung: Zeichne auf dem Karton eine Mittellinie ein. Durchbohre eine Seite des Kartons mit Schrauben und befestige den Karton auf dem Brett. Verteile das Mehl gleichmäßig auf der Oberfläche. Hebe das Brett langsam an einer Seite an.

Auswertung: Beschreibe, wie sich das Mehl auf beiden Seiten verhält. Begründe Unterschiede.

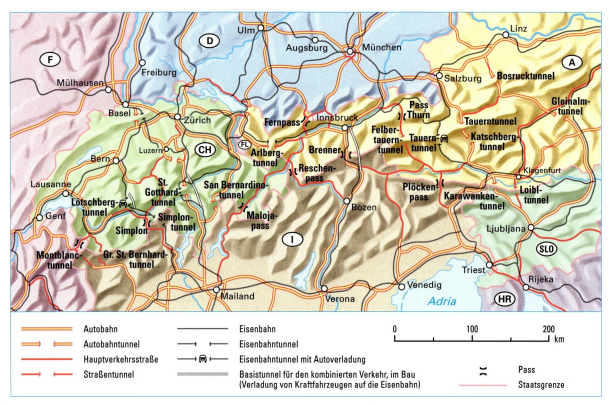

❶ Wichtige Pässe und Tunnel in den Alpen

Über und durch die Alpen

Wo früher Maultiere trampelten, ...

Die Überquerung der Alpen war in früheren Jahrhunderten sehr gefährlich und anstrengend. Sie dauerte mehrere Tage, wenn nicht Wochen. Vorbei an tiefen Schluchten trugen Maultiere auf schmalen Pfaden ihr schweres Gepäck. Nur an wenigen Stellen war es überhaupt möglich, das Gebirge zu passieren. Die Alpenbewohner, die diese **Pässe** kannten, arbeiteten als Führer und Träger für Kaufleute, die mit ihren Waren sicher die andere Seite der Alpen erreichen wollten.

... donnern heute Kraftfahrzeuge, ...

Zu Beginn des 19. Jahrhunderts wurden zahlreiche Passwege zu fahrbaren Straßen für Pferdekutschen ausgebaut. Im 20. Jahrhundert führte der Siegeszug des Autos zu bisher unbekannten Verkehrsmengen. Passstraßen wurden im Laufe der Jahre durch Tunnel ergänzt. Doch trotz der Streckenbauten sind die Alpen das größte Verkehrshindernis Europas: Hoch gelegene Bergstraßen und Pässe bleiben wegen der Schneemassen oder der Lawinengefahr viele Monate im Jahr gesperrt. Aber auch in tief gelegenen Alpentälern sind die Fernstraßen und Eisenbahnlinien durch Überschwemmungen, Erdrutsche, Steinschlag und Lawinen gefährdet.

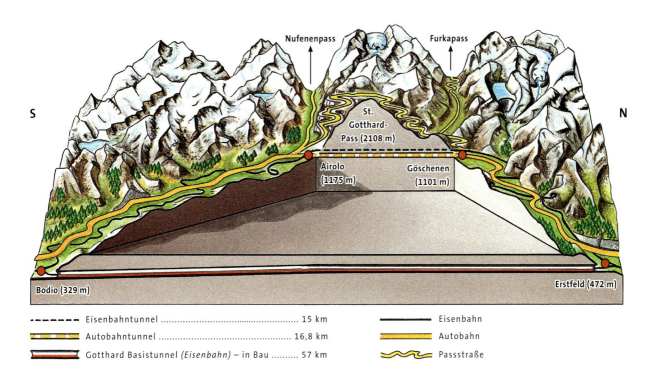

② **Verkehrswege am St. Gotthard**

An den Alpenbewohnern rasen viele Waren und Touristen nur noch vorbei. Täglich brummen 25 000 Lkw über die Alpenstraßen, das sind fast 10 Millionen im Jahr! Hinzu kommen etliche Güterzüge. Da sich der Fernverkehr auf wenigen Routen ballt, fühlen sich die Bewohner der betroffenen Täler stark belastet. Die engen Hochgebirgstäler verstärken Lärm- und Abgasbelastung.

... rasen morgen Züge mit 250 Sachen!
In Zukunft werden immer mehr Lkw auf Eisenbahnwaggons die Alpen durchqueren. Zwar sind die Transportmöglichkeiten noch längst nicht ausgeschöpft, aber viele Eisenbahntunnel sind für diesen kombinierten Verkehr zu niedrig. Da die alten Strecken oft steil und kurvenreich verlaufen, können sie nur in geringem Tempo befahren werden. Deshalb sind neue, steigungsarme Eisenbahntunnel geplant, in denen Hochgeschwindigkeitszüge fahren können.

Mit großem Aufwand wird im Moment unter schwierigsten Bedingungen der Gotthard-Basistunnel gebaut. Er wird mit 57 Kilometern der längste Tunnel der Welt sein. Personenzüge durchqueren dann die Alpen mit 250 km/h und Güterzüge mit 160 km/h.

1 Ein Lkw-Fahrer muss Stationen in folgender Reihenfolge anfahren: München, Triest, Innsbruck, Mailand, Bern, Genf, Bozen, Linz. Welche Tunnel und Pässe wird er befahren?

2 Erstelle eine Mindmap zum Thema Verkehr in den Alpen.

In den Alpen

① *Biochemie GmbH in Kundl*

Industrie im Inntal

Alpenmilchschokolade und Dolomiti-Superskipass – daran denken viele, wenn von den Alpen die Rede ist. Aber das Hochgebirge bietet mehr als Naturschönheiten und Freizeitangebote. Es ist der Lebensraum für Menschen, die die Alpen zu einer bedeutenden Wirtschaftsregion in Europa entwickelt haben. Die Industrie ist in einigen Alpentälern der wichtigste Wirtschaftszweig. Viele Erzeugnisse finden einen weltweiten Absatz. Das Inntal in Tirol ist dafür ein eindrucksvolles Beispiel. Zwischen Innsbruck und Kufstein ist das Tal eine regelrechte Industriegasse.

Penicillin aus einer früheren Brauerei
Als 1946 die Kundler Bierbrauerei die Biochemie GmbH gründete, ahnte niemand, was aus diesem Unternehmen werden würde. Forschern im Werk gelang es 1951 Penicillin so herzustellen, dass es nicht mehr mit der Spritze verabreicht werden muss, sondern als Tablette eingenommen werden kann. Ein weltweiter Markt für das damals neue Medikament stand dem jungen Unternehmen offen.

Nicht nur Penicillin, viele weitere Arzneimittel werden heute in Kundl hergestellt. Biochemie Kundl wurde größter Arzneimittelproduzent in Österreich. Im Stammwerk arbeiten heute fast 2 000 Beschäftigte, davon sind 330 in der Forschung und Entwicklung tätig.

Biochemie
In Betrieben der Biochemie arbeiten Biologen, Chemiker und Techniker gemeinsam an der Entwicklung neuer Wirkstoffe, zum Beispiel Medikamente. ②

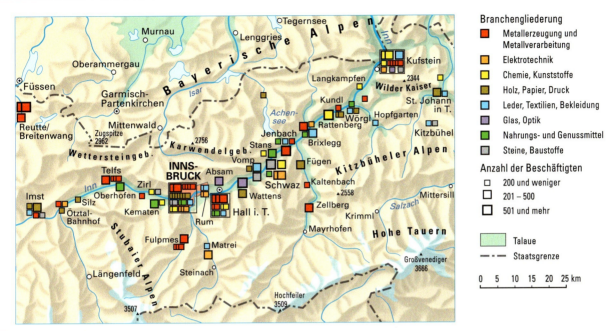

❸ *Industriebetriebe in Tirol*

Kristallwaren erobern die Welt

In Georgenthal in Böhmen erfand 1891 der 29-jährige Daniel Swarovski eine Maschine, mit der Kristallschmucksteine industriell geschliffen werden können. Mit Wattens in Tirol fand er 1895 den geeigneten Ort, einen Betrieb zur Anwendung dieser neuen Technik zu gründen. Hier befand sich schon seit dem 18. Jahrhundert ein Zentrum der Herstellung von Schmucksteinen. Außerdem ließ sich die Wasserkraft des Inns nutzen.

Weitere technische Neuheiten folgten, so beispielsweise Schleifscheiben, Ferngläser, Rückstrahler, Figuren aus Kristall, Modeschmuck, selbstklebende Kristalle für Tattoos.

Aus der kleinen Glasschleiferei wurde der weltweit führende Hersteller von geschliffenem Kristall. Zum Unternehmen gehören heute weltweit 12 400 Beschäftigte. Das Stammwerk in Wattens ist mit 5000 Beschäftigten das größte Industrieunternehmen in Tirol.

1 Welche Produkte stellen die Firmen Kundl und Swarovski her?

2 Wie viele Beschäftigte haben Kundl und Swarovski jeweils?

3 Arbeite mit der Karte 3:
 a) Bestimme die vier bedeutendsten Industrieorte im Inntal.
 b) Fertige für diese eine Übersicht der dort vertretenen Industriezweige an.

4 Die Industrie im Inntal ist vielseitig und bedeutend. Begründe dies mithilfe von Karte 3.

❹ *Kristallfigur von Swarovski*

In den Alpen

Berglandwirtschaft – ein mühsames Geschäft

❶ *Viehwirtschaft in den Alpen*

❷ *Mühsame Arbeit*

Die Berglandwirtschaft erscheint allen als ein Stück heile Welt. Leider sieht die Wirklichkeit des Bergbauern meist anders aus als auf der Postkarte. Häufig ist der Himmel bedeckt und es herrscht Nebel, oft gleichzeitig mit Regen. Praktisch jeden Monat im Jahr kann ein Kälteeinbruch kommen und Schnee fallen.

Gras als Futter für die Rinder wächst noch am besten. In den höheren Regionen kann das Vieh aber oft kaum vier Monate im Freien weiden. Acht Monate muss dann der Bergbauer für Futter sorgen! Dabei ist das Mähen auf den steilen Wiesen ein mühsames Geschäft! Wenn sich das Vieh auf den Weiden aufhält, die oft viele 100 m höher liegen als der Hof, braucht es eigene Unterstände für die Nacht, die Almhütten. Dort lebt den Sommer über eine Aufsichtsperson, der Senn oder die Sennerin. Im Frühsommer wird das Vieh auf die **Alm** hochgetrieben. Im Herbst geht es dann auf dieselbe mühsame Weise wieder abwärts.

An diese harten Umstände haben sich der Bergbauer und seine Familie gewöhnt. Aber heutzutage kommen neue Probleme auf sie zu und machen das Leben noch schwerer. Da sind zunächst die niedrigen Preise für ihre Erzeugnisse, wohingegen ihre Betriebskosten immer mehr steigen. Und während bei anderen Berufen die Arbeitszeit immer kürzer wird, gilt das für den Bergbauern nicht, denn im steilen Gelände kann er arbeitssparende Maschinen kaum einsetzen. Auch sind die Löhne in der Stadt so gestiegen, dass immer weniger Menschen bereit sind, als Senn oder Sennerin zu arbeiten.

Touristen statt Kühe?

Daher geben immer mehr Bergbauern ihre Betriebe auf. Damit wird aber die Landschaft nicht mehr gepflegt. Es gibt noch andere negative Folgen: Wenn das Gras nicht mehr gemäht und damit zu lang wird, so legt es sich unter der Schneelast flach und diese kann leicht abrutschen, was gefährlich ist. Deshalb versuchen alle Alpenländer, die Bergbauernhöfe zu unterstützen, wenn dort noch Vieh gehalten wird. Für jedes Rind und für jeden Hektar Grünland erhält der Bergbauer vom Staat Geld.

Trotz der staatlichen Hilfen ist es für viele Bergbauern finanziell lohnender, ihr Land an Skiliftbetreiber zu verkaufen oder selbst eine Pension zu bauen. Hier muss der Staat oft bremsen, indem er verbietet, dass auf dem Grundstück touristische Bauten errichtet werden. So werden hoffentlich auch in Zukunft Kühe in den Alpen grasen!

❸ *Bauernhöfe werden zu Pensionen und Appartements*

1 Nenne drei naturbedingte Schwierigkeiten, mit denen die Bergbauern zu kämpfen haben.
2 Nenne zwei weitere Gründe, weshalb viele Bergbauern aufgeben wollen.
3 Warum versuchen die Alpenstaaten, die Berglandwirtschaft am Leben zu halten?

In den Alpen

Informationen
www.serfaus.com und
www.serfaus.de

❶ *Serfaus 1950*

Vom Bergdorf zum Ferienzentrum

❷ **Die Schwabenkinder von Serfaus**
Die Landwirtschaft des 17. und 18. Jahrhunderts konnte oft gerade einmal zwei Erwachsene ernähren. Wegen dieser Not schickten viele Eltern des oberen Inntals ihre Kinder im Sommer in das reichere Süddeutschland, um sich als Hütekinder für Schweine und Ziegen oder als Gehilfen für die Feldarbeit anstellen zu lassen. Als Lohn bekam jedes Kind neue Kleider, ein paar Schuhe und ein wenig Geld, das aber zu Hause abgeliefert werden musste. Die Eltern waren froh, einen Esser weniger am Tisch zu haben.

Schon immer auf der Sonnenseite?
Serfaus, der sonnigste Ort Tirols, liegt auf einer Ebene im oberen Inntal auf 1427 m Höhe. Diese Höhenlage war früher für die Not der Serfauser Bauern verantwortlich, denn die Landwirtschaft brachte nur einen geringen Ertrag ein.

Heute dagegen ist die Lage von Serfaus inmitten einer reizvollen Landschaft der entscheidende Gunstfaktor. Jedes Jahr strömen tausende von Touristen in den Fremdenverkehrsort.

In der Wintersaison stehen 53 Liftanlagen und 160 km präparierte Skipisten im Skigebiet zur Verfügung, das mit den Nachbargemeinden Fiss und Ladis betrieben wird.

In der Sommersaison bietet Serfaus etwa 100 km Wanderwege, Tennisanlagen, Schwimmbäder sowie Bergsport- und Gleitschirmprogramme.

Der **Massentourismus** wurde so stark, dass das Dorf mit seinen alten Holzhäusern und der markanten Kirche im Verkehr zu ersticken drohte. Als Lärm und

③ Serfaus 2000

Luftbelastung zu unerträglich wurden, baute man eine unterirdische Bahn, die die Skifahrer von der Bahnstation zu den Seilbahnen befördert. Gleichzeitig wurde der Straßenverkehr fast ganz aus dem Dorf verbannt.

Es gibt kein Zurück!

Es hat viel Geld gekostet, die öffentlichen Versorgungseinrichtungen auszubauen und die Skigebiete zu erschließen. Serfaus ist heute auf die Einnahmen aus dem Tourismus angewiesen. Beschneiungsanlagen sorgen deshalb dafür, dass die Wintersportler auch bei schneearmer Witterung gute Verhältnisse vorfinden.

1 Vergleiche das Dorfbild von Serfaus früher und heute (Fotos 1 und 3).
2 Was hat sich noch verändert? Arbeite mit Tabelle 4.
3 Erläutere Diagramm 5 mithilfe des Textes.

④ Bevölkerungs- und Wirtschaftsentwicklung in Serfaus 1960–2000

Jahr	1960	1970	1980	1990	2000
Einwohner	710	850	920	1040	1102
Übernachtungen pro Jahr	80 000	285 000	442 000	532 000	771 000
Zahl der Skilehrer	30	50	140	190	250
Aktive bäuerliche Betriebe	63	57	45	42	40

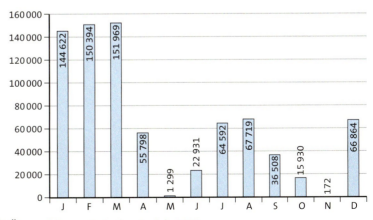

⑤ Übernachtungen in Serfaus im Jahr 2000

TERRAMethode

In den Alpen

Alp(en)traum – ein Rollenspiel

Ort und Situation

Der Wettbewerb zwischen Skiregionen ist hart. Deshalb haben die Gemeinden Serfaus, Fiss und Ladis ihre Skigebiete durch aufwändige Lift- und Seilbahnanlagen zusammengelegt. Im benachbarten Paznauntal liegt die Gemeinde See. Ihr kleines Skigebiet gilt als schön, aber abgelegen.

See will nun sein Skigebiet erweitern und mit dem von Serfaus-Fiss-Ladis zusammenschließen. Dazu wäre der Bau von zwei großen Seilbahnanlagen und einigen Skiliften nötig. Das bisher fast unberührte hintere Urgtal um die Ascher-Hütte würde zum Skigebiet.

Da die Maßnahme in der Bevölkerung umstritten ist, lädt der Bürgermeister von See zu einer Bürgerversammlung ein. Einziger Tagesordnungspunkt: der Zusammenschluss der Skigebiete von See und Serfaus-Fiss-Ladis.

Ein Rollenspiel durchführen

1. Schritt: Macht euch mit der Situation vertraut. Worum geht es?
Bildet dann Arbeitsgruppen zu den einzelnen Rollen und sammelt hierzu und zum Thema weitere Informationen. Stellt anschließend Rollenkarten her, auf denen ihr kurz die Person beschreibt und ihre Argumente notiert.
Abschließend bestimmt jede Gruppe einen „Rollenspieler".

2. Schritt: Die Rollenspieler spielen nun die Situation (Bürgerversammlung) mit möglichst viel Überzeugung. Beachtet aber unbedingt, dass ihr nicht eure eigene Meinung vertretet, sondern die der dargestellten Person. Alle anderen Mitspieler haben die Aufgabe Gemeindemitglieder zu spielen. Sie beobachten alles ganz genau und können sich ebenfalls zu Wort melden. Am Ende stimmen alle über den Streitfall ab.

3. Schritt: Die ganze Klasse diskutiert im Anschluss an das Spiel über das Verhalten und die Argumente der „Schauspieler". Sprecht dabei auch über eure Erfahrungen beim Rollenspiel. Was hat euch besonders überzeugt? Was kam euch besonders „echt" vor? Wie habt ihr euch in euren Rollen gefühlt? Was habt ihr beim Rollenspiel gelernt? ...

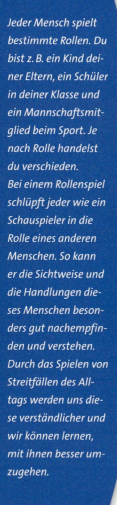

*Jeder Mensch spielt bestimmte Rollen. Du bist z. B. ein Kind deiner Eltern, ein Schüler in deiner Klasse und ein Mannschaftsmitglied beim Sport. Je nach Rolle handelst du verschieden.
Bei einem Rollenspiel schlüpft jeder wie ein Schauspieler in die Rolle eines anderen Menschen. So kann er die Sichtweise und die Handlungen dieses Menschen besonders gut nachempfinden und verstehen. Durch das Spielen von Streitfällen des Alltags werden uns diese verständlicher und wir können lernen, mit ihnen besser umzugehen.*

Katharina Hess,
Rentnerin, 64:
Sie ist engagiertes Mitglied im österreichischen Alpenverein. Naturschutz ist ihr ein wichtiges Anliegen. Für sie besitzt das hintere Urgtal eine wilde Ursprünglichkeit mit den Bachmäandern und Seen, Murmeltieren, Gämsen und Alpenschneehühnern sowie den seltenen Pflanzen. Immer häufiger werden Wildtiere von Skifahrern aufgeschreckt.

Hans Höllhuber,
Gastwirt, 55:
Er hat treue Stammkunden, die nach See kommen, weil sie hier abseits des großen Trubels Urlaub machen können. Seiner Meinung nach sollten lieber die jetzigen Stärken besser verkauft werden: die Möglichkeit Skitouren in abgelegene einsame Gebiete zu unternehmen und ohne Rummel zu wandern.

Andy Winkler,
Schüler, 16:
Nach dem Schulabschluss will er eine Ausbildung als Mechaniker machen. Wenn er in See keine Ausbildungsstelle findet, wird er in eine größere Stadt abwandern. Sein Großvater war noch Bergbauer. Sein Vater aber betreibt die Landwirtschaft nur noch im Nebenerwerb. Eigentlich lohnt sich für ihn die Landwirtschaft überhaupt nicht mehr. Eine Seilbahn käme ihm recht.

Lara Ederer,
Postbotin, 45:
Sie ist unentschlossen. Mehr Touristen bedeuten mehr Hotels, mehr Autos, mehr Lärm, mehr Müll. Das Ortsbild hat sich so verändert, dass sie sich eigentlich nicht mehr wohl fühlt. Ihre Nachbarin führt ein großes Hotel und eine andere Freundin ein Geschäft für Andenken. Sie weiß um deren Sorgen, wenn zu wenig Gäste kommen und sie dann schließen müssten.

Monika Schranz,
Landwirtin, 28:
Ihr Jungvieh verbringt den Sommer auf den Hochweiden im hinteren Urgtal. Das Gras auf Skipisten ist aber weniger wertvoll. Der Schnee wird nämlich durch Pistenraupen und Skifahrer zusammengepresst. Er vereist und bleibt länger liegen als normal. Durch Schneekanonen wird die Schneedecke unnatürlich erhöht. Manche Gräser haben dann nach der Schneeschmelze nicht mehr genügend Zeit zum Wachsen.

Tanja Stumpf,
Angestellte der Seilbahngesellschaft, 35:
Die Seilbahngesellschaft steckt derzeit in großen finanziellen Schwierigkeiten. Deshalb stehen ihr Arbeitsplatz und noch weitere in ganz See auf dem Spiel. Nach dem Zusammenschluss wäre das Skigebiet von See der attraktivste und der größte Skizirkus im Umkreis. Ihrer Meinung nach wollen die meisten Touristen spektakuläre Skigebiete. Ski und Spaß sind immer mehr gefragt, am Tag auf der Piste und abends in der Disco.

TERRATraining

In den Alpen

❶

❸

❷

❹

Wichtige Begriffe
Alm
Hochgebirge
Höhenstufen
Lawine
Massentourismus
Mure
Pass

1 a) In welchen Höhenstufen wurden die Fotos 1–4 aufgenommen?
b) Warum wachsen in großer Höhe keine Pflanzen mehr?

2 Findest du die Begriffe?
– Günstiger, natürlicher Alpenübergang für den Verkehr
– Schneemasse, die an Gebirgshängen abgleitet
– Weidegebiet, meist oberhalb der Waldgrenze gelegen
– Viele Touristen in Fremdenverkehrsgebieten

3 Richtig oder falsch?
Verbessere die falschen Aussagen und schreibe sie richtig auf.
– Die Alpen sind das höchste Gebirge der Welt.
– Je höher man auf einen Berg hinaufsteigt, desto wärmer wird es.
– Bergwälder schützen die Dörfer im Tal vor Lawinen.
– Der Brenner verbindet die Schweiz mit Österreich.
– In den Alpen gibt es keine Industriebetriebe.
– In der Wintersaison fahren die Touristen hauptsächlich Ski.
– Die Alpenstaaten unterstützen die Bergbauern.

4 Wer ist der Alpenexperte?

a) Zu welchen beiden Alpenländern gehören die Flaggen?

Fläche:	84 000 km²	41 000 km²
Einwohner:	8,1 Millionen	7,0 Millionen

b) Notiere fünf weitere Alpenländer.
c) Wie heißt und wie hoch ist der höchste deutsche Berg (Foto 5)?
d) Wie heißt, wo liegt und wie hoch ist der höchste Berg Europas (Foto 6)?

5 Bilderrätsel

Löse die Bilderrätsel und erkläre die gesuchten Begriffe.

⑤

⑥

Teste dich selbst
mit den Aufgaben 1a und 4c.

6
Suche für die abgebildeten Transporte die kürzesten Fahrtwege. Notiere dabei Städte, Pässe und Tunnel entlang der Strecken.

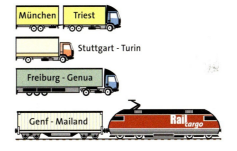

Training

Die Arbeitswel

Der Wandel in der Arbeitswelt betrifft besonders die Industrie. Große Betriebe müssen schließen. Ganze Regionen verändern ihr Aussehen. Menschen werden arbeitslos und müssen versuchen einen neuen Arbeitsplatz zu bekommen.
Aber auch neue Berufe entstehen – oft außerhalb der Industrie. Für euch könnten in der Zukunft ganz neue Jobs interessant werden.

verändert sich

Die Arbeitswelt verändert sich

Autos aus Stuttgart

❶ *Gottlieb Daimler*

❷ *Carl Friedrich Benz*

Das erste Auto der Welt stammt aus Baden-Württemberg! Im Herbst des Jahres 1885 gelingt es Gottlieb Daimler in Bad Cannstatt, das erste Motorrad der Welt zu bauen. Fast zeitgleich baut Carl Benz in Mannheim einen Motorwagen mit drei Rädern. 1886 konstruiert Daimler einen vierrädrigen Wagen, eine Kutsche mit Motor. So war das Auto doppelt erfunden! Dies wird zunächst als Benzinkutsche bezeichnet und belächelt. Doch schon 1895 fährt der erste Omnibus und ein Jahr später der erste Lastwagen. Damit beginnt das Automobilzeitalter und ein ganz neuer Industriezweig entsteht.

Die Produktion läuft an

Die ersten Autos fertigen Daimler und Benz in ihren Fabriken in Cannstatt und Mannheim. 1903 beginnt Daimler die Produktion des Mercedes im Werk Untertürkheim. 1926 gründen die beiden Firmen die Daimler-Benz-AG. Immer mehr Firmen in der Umgebung Stuttgarts stellen Fahrzeugteile für Daimler-Benz her und immer mehr Menschen finden im **Automobilbau** sowie in den vielen **Zulieferbetrieben** Arbeit, die die Bauteile für die Autos herstellen.

❸ *Der erste Motorwagen von Benz 1885*

❹ *Karosseriebau mit Robotern*

Ein globales Unternehmen

Am 17. November 1998 schließen sich Daimler-Benz und das amerikanische Unternehmen Chrysler zum neuen DaimlerChrysler-Konzern zusammen. Der zweitgrößte Automobilhersteller der Welt produziert heute in 34 Staaten.

Zu Besuch in Sindelfingen

In Sindelfingen steht heute das größte von elf deutschen DaimlerChrysler-Werken. Hier arbeiten die Facharbeiter in einem Team, in dem sich jeder für alle Arbeitsabläufe verantwortlich fühlt. Die meisten Bauteile werden nicht im Werk hergestellt, sondern kommen von den Zulieferbetrieben genau zum richtigen Zeitpunkt an. So spart man die teure Lagerhaltung.

Notizen zum Betriebsbesuch Untertürkheim und Sindelfingen:
58 000 Beschäftigte – zwei Schichten – Hunderte von Pkw – Lieferung jeden Tag – genau festgelegte Zeiten – wichtige Teile für die Montage – Vorteil: kein Lager – Scheinwerfer von Bosch (Stuttgart) – Sitze von Recaro (Sindelfingen) – Achsen, Motor, Getriebe (Untertürkheim) – auch viele andere Firmen (z.B. aus Köln, Hamburg und im Ausland) – liefern alle jeden Tag – große Hallen – Roboter: lackieren, schweißen, transportieren – Fließband: Teile werden immer von den gleichen Arbeitern zusammengebaut – am Anfang: Auto noch nicht erkennbar – Höhepunkt: der Einbau des Motors in die Karosserie – immer wichtiger: Team-Arbeit – jedes Auto hat einen Code: Kundenwünsche – Auto nach 2,5 Stunden fertig – Endkontrolle – Auslieferung

❻ **Standorte der Automobilindustrie in Deutschland**

Jochen und Katrin haben eine Firmenbesichtigung des DaimlerChrysler-Werkes in Sindelfingen gewonnen. Während der Rundfahrt durch das riesige Firmengelände machen sie sich Notizen.

Ein wichtiger Industriezweig
Der Automobilbau in Baden-Württemberg konnte in den letzten Jahren seine Beschäftigtenzahlen halten. Jeder sechste Arbeitnehmer findet dort Arbeit. Indirekt sind es weit mehr, denn auch in den Kunststoff- und Gummifabriken, in der chemischen Industrie und anderen Industriezweigen werden Teile für den Automobilbau gefertigt.

1 Jochen und Katrin schreiben einen Bericht für die Schülerzeitung. Hilf ihnen.
2 Karte 6: Welche der DaimlerChrysler-Werke stehen in Baden-Württemberg? Wo sind die übrigen angesiedelt?
3 Suche weitere Standorte der Automobilindustrie in Baden-Württemberg.

Die Arbeitswelt verändert sich

① *Das BASF-Gelände in Ludwigshafen*

In Europas größtem Chemiewerk

Violett, Blau und Rot – damit fing es an! Die 1834 ersten künstlich hergestellten Farbstoffe veränderten die Welt. Der Siegeszug der **chemischen Industrie** begann. Sie bildet heute einen der größten und wichtigsten Industriezweige.

Gründung der BASF in Ludwigshafen
Die Geschichte der „Badischen Anilin- und Sodafabrik" in Ludwigshafen beginnt im Jahr 1865. Friedrich Engelhorn, ein Mannheimer Unternehmer, wollte 1865 seine Fabrik erweitern. Da die Stadt Mannheim ihm keine Flächen zur Verfügung stellte, wechselte er auf die andere Rheinseite und ließ dort seine Fabrik bauen. Das große Gelände, viele Arbeitskräfte aus der Umgebung, vor allem aber die Lage am Rhein sprachen für diesen Standort, waren wichtige **Standortfaktoren**. Denn für die Produktion werden sehr große Mengen an **Rohstoffen** gebraucht, z. B. Erdölerzeugnisse, Säuren oder Salze. Viele dieser Rohstoffe transportiert man am besten mit dem Schiff direkt zum Werk. Außerdem benötigt ein Chemiewerk riesige Mengen Wasser für die Produktionsvorgänge und um die Anlagen zu kühlen.

Ich züchte gerade die eierlegende Wollmilchsau!

2 *Chemielaborantin*

Wenige Rohstoffe – viele Endprodukte

Aus einer kleinen Zahl von Rohstoffen zaubert die chemische Industrie eine riesige Zahl an Produkten. Bei der BASF sind es über 8 000 Produkte, vor allem Farbstoffe, Kunstdünger, Kunststoffe, Waschmittel und Medikamente. Nur wenige davon kann man allerdings in einem Geschäft kaufen. Viele werden nämlich halb fertig an andere Fabriken verkauft, die daraus die dir bekannten Gegenstände herstellen. Die Produkte der chemischen Industrie werden praktisch in jeder anderen Industrie von der Elektronik bis zur Stahlerzeugung gebraucht.

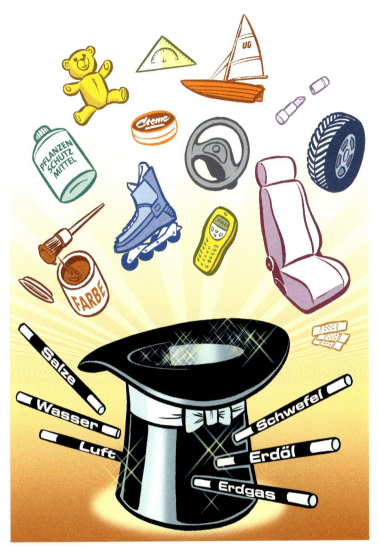

3 *Zauberhut Chemie*

1 *Arbeite mit Foto 1 und dem Text:*
   a) *Beschreibe die Lage des Chemiewerks.*
   b) *Nenne die Vorteile dieser Lage.*
2 *Erkläre anhand von Grafik 3 die Bedeutung der chemischen Industrie.*

TERRA**Methode**

Die Arbeitswelt verändert sich

Aus Zahlen Diagramme zeichnen

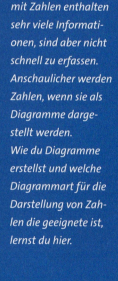

Listen und Tabellen mit Zahlen enthalten sehr viele Informationen, sind aber nicht schnell zu erfassen. Anschaulicher werden Zahlen, wenn sie als Diagramme dargestellt werden.
Wie du Diagramme erstellst und welche Diagrammart für die Darstellung von Zahlen die geeignete ist, lernst du hier.

❶ **Entwicklung der Industriebeschäftigten in Baden-Württemberg**

Jahr	Beschäftigte insgesamt	Maschinenbau	Fahrzeugbau	Elektrotechnik	Chemie
1950	815 000	101 000	58 000	66 000	28 000
1960	1 394 000	224 000	116 000	189 000	44 000
1970	1 656 000	273 000	180 000	262 000	66 000
1980	1 492 000	261 000	210 000	245 000	63 000
1990	1 521 000	289 000	235 000	263 000	72 000
2000	1 247 000	264 000	220 000	204 000	59 000

Das Kurvendiagramm

Mit Kurvendiagrammen lassen sich zeitliche Entwicklungen darstellen. Je steiler die Kurve ansteigt oder fällt, desto schneller ist der Anstieg oder der Rückgang. Die Tabelle 1 lässt sich gut in ein Kurvendiagramm umformen, da die Werte in gleichmäßigen Abständen vorliegen. Bei diesem Beispiel stehen auf der Grundlinie die Jahresangaben, stets im gleichen Abstand voneinander. Senkrecht dazu ist eine Skala für die Beschäftigten gezeichnet, unterteilt in Schritten von jeweils 50 000 Beschäftigten. Die Beschäftigtenzahlen für die einzelnen Industriezweige sind für jedes Jahr mit einem Punkt markiert und durch eine Kurve miteinander verbunden.

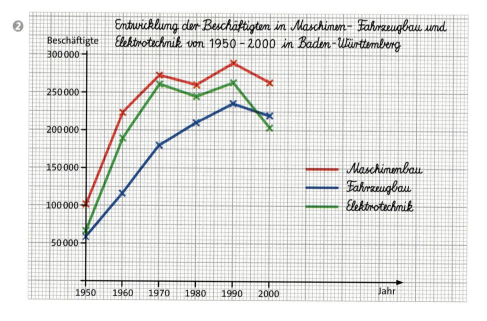

❷ Entwicklung der Beschäftigten in Maschinen-, Fahrzeugbau und Elektrotechnik von 1950–2000 in Baden-Württemberg

Das Streifendiagramm

Streifendiagramme ermöglichen es Anteile darzustellen. Dabei entspricht die Länge des Streifens immer der Gesamtzahl. Auf dem Streifen können nun im richtigen Verhältnis die übrigen Werte eingetragen werden. Für die Kennzeichnung der Streifenabschnitte kann man Beschriftungen, Signaturen oder Farben verwenden.

Das Säulendiagramm

Säulendiagramme eignen sich besonders, wenn man Rangfolgen veranschaulichen will: Was ist der größte, was ist der kleinste Wert?
Sollen einmal mehrere Werte direkt verglichen werden, so können die Säulen auch dicht nebeneinander stehen.

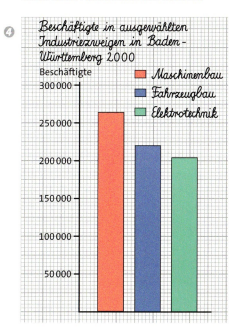

Diagramme zeichnen

1. Schritt: Überlege, welche Art von Diagramm sich am besten eignet, um den gegebenen Sachverhalt darzustellen.

2. Schritt: Schau dir die Zahlen genau an und lege Höhe und Breite für dein Diagramm fest. Orientiere dich dabei an der größten Zahl und wähle eine sinnvolle Einteilung der Achsen, zum Beispiel 1 cm entspricht 50 000 Beschäftigten.

3. Schritt: Trage die Zahlenwerte in das vorbereitete Diagramm ein. Um die Kurven, Säulen oder Streifen besser unterscheiden zu können, zeichne diese jeweils in verschiedenen Farben.

4. Schritt: Beschrifte die verschiedenen Säulen oder Streifenabschnitte entweder direkt oder ergänze eine Legende, die die verwendeten Farben erläutert.

5. Schritt: Gib dem Diagramm eine Überschrift.

1 Im Kurvendiagramm 2 fehlen die Werte für die Chemieindustrie. Zeichne das Diagramm ab und trage die fehlenden Werte zunächst als Punkte ein. Verbinde diese dann zu einer Kurve.

2 Tabelle 1: Zeichne die Säulendiagramme für die einzelnen Industriezweige des Jahres 1990.

3 Tabelle 1: Zeichne ein Streifendiagramm für das Jahr 1980 und vergleiche mit dem Jahr 2000. Welche Entwicklung kannst du feststellen?

Die Arbeitswelt verändert sich

❶ *Förderturm einer Zeche*

❷ *Johann Smielowski 1920*

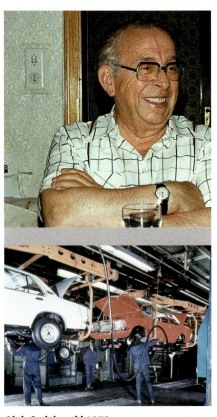

❸ *Alois Smielowski 1970*

Mit Kohle...

Johann Smielowski, geboren 1890 in Ostpreußen, gelernter Schlachter; 1920 Übersiedlung nach Wattenscheid (heute Bochum), um im Untertagebetrieb der Zeche Holland zu arbeiten; 12-Stunden-Schichten, häufig in Doppelschichten; 7-Tage-Woche; Anfang der 1930er-Jahre Arbeitsunfall, danach nur noch im Übertagebetrieb als Lokführer der Werksbahn eingesetzt; 1941 Wechsel zum Bochumer Verein; Verrichtung leichter Hilfsarbeiten; 1956 in Rente; gestorben 1964 an Steinstaub.

Zeche Holland, *gegründet 1855; erste Kohlenförderung 1860; 1910 über 4 000 Beschäftigte; Schließung 1974.*

Alois Smielowski, Sohn von Johann Smielowski, geboren 1925 in Wattenscheid; Schlosserlehre und Arbeitsplatz beim Bochumer Verein; Ende der 1950er-Jahre Bewerbung bei Opel, Lehrgänge, u.a. Werksmeisterlehrgang; Meister bei Opel; Wechselschicht: Frühschicht: 6–14 Uhr; Mittagschicht: 14–22 Uhr; Nachtschicht: 22–6 Uhr; mit 55 Jahren frühzeitig in Rente.

Bochumer Verein (BV), *gegründet 1842 als Gussstahlfabrik: Produktion von nahtlosen Lokomotivrädern, Schienen usw.; mehrere eigene Zechen, Kokereien, Walzwerke.*
Opel, *seit 1960 in Bochum; zeitweise mit 19 000 Beschäftigten größter Arbeitgeber Bochums; 2002 etwa 11 000 Beschäftigte.*

❻ Hightech-Entwicklung –
eine Pumpe so groß wie eine Ameise

❹ Brigitte Smielowski 1990

❺ Jan Lubina 2002

... Kohle machen?

Brigitte Smielowski, Tochter von Alois Smielowski, geboren 1956 in Wattenscheid; nach dem Abitur Ausbildung bei Opel; dann Wechsel zur Ruhr-Universität Bochum, Studium von Französisch und Spanisch für das Lehramt, Studienaufenthalt in Madrid und Paris, Referendarzeit in Köln, keine Übernahme in den Schuldienst; Arbeit bei einer Entwicklungsbank in Köln; seit 2000 beim Bundesministerium für wirtschaftliche Zusammenarbeit und Entwicklung in Bonn, nebenher BWL-Fernstudium.

Ruhr-Universität Bochum (RUB): *erste Universitätsgründung im Ruhrgebiet 1965; inzwischen etwa 40 000 Studierende, davon stammen drei Viertel aus dem Ruhrgebiet.*

Jan Lubina, Sohn von Brigittes Schwester, geboren 1976 in Wattenscheid; nach dem Abitur Mechatronik-Studium an der Fachhochschule Maschinenbau in Bochum; seit 2000 Versuchsingenieur für Stoßdämpferentwicklung im Automobilbau bei Bilstein in Ennepetal; spielt derzeit mit dem Gedanken, für einige Jahre in den USA zu arbeiten.

Bilstein: *1873 Gründung eines Werks zur Herstellung von Fensterbeschlägen durch August Bilstein in Altenvoerde/Westfalen; ab 1928 Produktion von Stoßstangen, ab 1954 von Gasdruckdämpfern; seit 1999 im Konzern ThyssenKrupp.*

Die Arbeitswelt verändert sich

❶ *Im Bergwerk am Kohlenhobel*

❷ *Stahlwerk*

Ruhrgebiet im Wandel

❸ *Beschäftigte im Ruhrgebiet 1961*
von jeweils 100 arbeiteten in ...

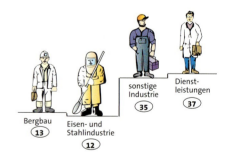

Schicht im Schacht

Kohle, Eisen und Stahl bestimmten 150 Jahre lang die Wirtschaft des Ruhrgebietes. Eine gigantische Industrie beschäftigte Hunderttausende. Doch vor 50 Jahren verdrängte das billigere Erdöl als Energieträger die Kohle. Deshalb wurden in der Folgezeit zahlreiche Bergwerke stillgelegt. 20 Jahre später folgte eine zweite Krise: In den 1970er-Jahren konnte weltweit weniger Stahl verkauft werden. Daraufhin wurde eine große Zahl von Betrieben geschlossen. Wieder verloren unzählige Menschen ihre Arbeit. Viele suchten nun in anderen Gebieten Deutschlands eine Beschäftigung. Die Zukunft des Ruhrgebiets sah düster aus.

Strukturwandel

In der Folgezeit gelang es, neue Betriebe „über der Kohle" anzusiedeln. Die Menschen fanden nun Arbeit im Maschinenbau, in der Elektrotechnik, in der chemischen Industrie und im Fahrzeugbau. Man gründete außerdem Technologiezentren für Firmen, die im Bereich der Hochtechnologie arbeiten. Noch mehr Menschen als in der Industrie arbeiten inzwischen in den **Dienstleistungen**,

④ Einkaufszentrum in Oberhausen

⑥ Tetraeder in Bottrop

⑤ Beschäftigte im Ruhrgebiet 2000
von jeweils 100 arbeiteten in ...

Dienstleistungen 65
sonstige Industrie 19
Eisen- und Stahlindustrie 10
Bergbau 3

z. B. im Handel oder in der Verwaltung. Eine solche Wirtschafts- und Beschäftigungsveränderung bezeichnet man als **Strukturwandel**.

Neues Bild des Ruhrgebietes

Für die 5,7 Millionen Menschen im Ruhrgebiet trifft die Vorstellung „Die Leute vom Kohlenpott" nicht mehr zu. Ein neues Motto lautet: „Das Ruhrgebiet – ein starkes Stück Deutschland".

Dies auch, weil man inzwischen über ein großes Angebot an Freizeit- und Sporteinrichtungen im Ruhrgebiet verfügt. Es gibt viele Parks und Grünanlagen auch in den Städten, zahlreiche Sportstätten, neue Freizeit- und Einkaufszentren, Musical- und Konzerthallen, interessante Museen und sogar eine Indoor-Skihalle.

1 Warum haben viele Menschen das Ruhrgebiet seit 1960 verlassen?

2 Beschreibe mithilfe der Zeichnungen 3 und 5 den Beschäftigungswandel zwischen 1961 und 2000.

3 Wie zeigt sich der Strukturwandel im Ruhrgebiet? Verwende die Fotos und den Text.

Die Arbeitswelt verändert sich

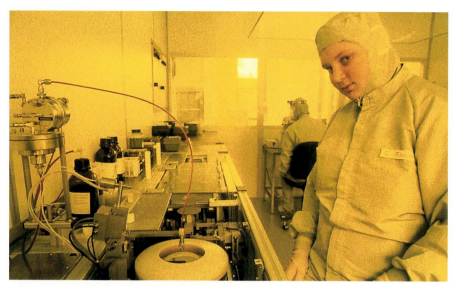

① *Der Reinraum, ein Arbeitsplatz in der Hightech-Industrie*

Kaum zu glauben
Die Anzahl der Staubteilchen in einem Reinraum ist vergleichbar mit drei Fußbällen auf einem sonst leeren Fußballfeld. Unter so reinen Bedingungen werden Sensorchips gefertigt.

Schweiß ist out – Grips ist in

Ideen muss man haben — dann hat ein Autodieb keine Chance! Ein im Auto eingebauter Sensor, ein Fühler, löst Alarm aus, wenn sich die Neigung des Wagens verändert. Das ist **Hightech**, also Hoch- oder Spitzentechnologie! Fast schon die Technik von morgen, aber bereits heute erfunden!

Stell dir vor, du hast so eine tolle Idee und möchtest daraus ein Produkt herstellen. Dazu muss man zunächst forschen und entwickeln. Aber woher soll man als Neuling Räume, Geräte oder Büroeinrichtung nehmen? So ging es einem Physiker und einem Ingenieur, die an der Universität über neue Technologien geforscht hatten. Das **Technologiezentrum** Dortmund war die richtige Adresse für sie.

Hier wird jungen Hightech-Unternehmen mit öffentlicher Unterstützung in der schwierigen Startzeit geholfen. In Zusammenarbeit mit der benachbarten Universität, der Fachhochschule und bedeutenden Forschungsinstituten reifen Hightech-Produkte heran.
Wenn der schwierige Start dann erfolgreich abgeschlossen ist, lassen sich viele Firmen dauerhaft in der Nähe nieder.

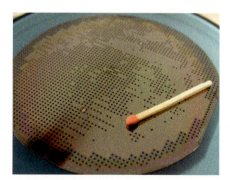

② **Ein Hightech-Produkt:** *In diesem Sensor, der die Drehzahl eines Rades misst, steckt das Geheimnis des Anti-Blockiersystems (ABS) am Auto.*

❸ **Technologiezentrum Dortmund**
1985 Inbetriebnahme; vier Gebäudekomplexe; 50 Technologieunternehmen mit 1 300 Beschäftigten
Daran z. B. forschen und arbeiten die Unternehmen:
Man prüft: Produkte vom Handy bis zum Bus auf gefährliche Strahlung
Man entwickelt: kleinste Düsen für Spraydosen, besondere Software für Ärzteabrechnungen oder Spezialroboter
Man plant: Produktionsabläufe in Fabriken; Entwässerungssysteme

1 Hightech-Produkte werden heute in unterschiedlichsten Bereichen eingesetzt. Suche Beispiele.
2 Erkläre mit deinen Worten, welche Bedeutung das Technologiezentrum Dortmund für die Umgebung hat.
3 Schreibe eine Geschichte oder zeichne einen Comic: Ein Sensor – klein aber oho! Gehe auf seine „Geburtsstunde", seine „Entwicklung" und seine „reifen" Leistungen ein.

Der Steinkohlebergbau und die Eisen- und Stahlindustrie machten Dortmund zu einer bedeutenden Industriestadt. Heute gibt es hier keine einzige Zeche mehr. Viele Arbeitsplätze in der Eisen- und Stahlindustrie gingen verloren.
So wie in Dortmund entstanden auch in anderen Städten des Ruhrgebietes über 20 Technologiezentren mit neuen Arbeitsplätzen. Sie haben sich Schwerpunkte der Forschung und Entwicklung gesetzt, z. B. Umwelt, Medizin, Computer- und Energietechnik.

TERRATraining

Die Arbeitswelt verändert sich

1 Richtig oder falsch?
Verbessere die falschen Aussagen und schreibe sie richtig auf.
- Die chemische Industrie benötigt nur geringe Rohstoffmengen.
- Im Ruhrgebiet wird es in Zukunft viel mehr Bergleute geben als bisher.
- Ein Verkäufer übt einen Dienstleistungsberuf aus.
- Im Technologiezentrum Dortmund werden Hightech-Produkte entwickelt.
- Aus Baden-Württemberg stammt das erste Auto der Welt.
- Die chemische Industrie stellt aus vielen verschiedenen Rohstoffen nur wenige Produkte her.

2 Falsch verschluckt!
In der richtigen Reihenfolge stellt der Begriff etwas ganz Wichtiges für die Industrie dar. Erläutere an einem Beispiel.

3 Bilderrätsel
Löse die Bilderrätsel und erkläre die gesuchten Begriffe.

a

b

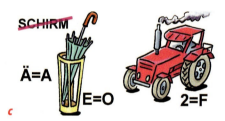
c

d

e

Wichtige Begriffe
Automobilbau
Chemische Industrie
Dienstleistungen
Hightech
Rohstoff
Standortfaktor
Strukturwandel
Technologiezentrum
Zulieferbetrieb

4 Vervollständige die Sätze.
a) Die chemische Industrie braucht einen Standort am ...
b) Niedrige Löhne sind ein ...
c) Die Automobilindustrie ist ein wichtiger ... in Deutschland.

5 Wer weiß es?
Standortfaktoren sind ...
a) Gründe, weshalb sich ein Betrieb an einem bestimmten Ort ansiedelt.
b) Gründe, weshalb ein Betrieb Mitarbeiter entlässt.
c) Gründe, weshalb die Mitarbeiter mehr Geld bekommen sollten.
d) Gründe, weshalb ein Betrieb früher Feierabend macht.

Vor 50 Jahren arbeiteten viele Menschen im Ruhrgebiet ...
a) in der Landwirtschaft.
b) in der Eisen- und Stahlindustrie.
c) im Bergbau.
d) in Dienstleistungsberufen.

Welche Berufe sind Dienstleistungsberufe?
a) Bäckerin
b) Bäckereiverkäufer
c) Lehrer
d) Kfz-Mechanikerin

Zulieferbetriebe sind Betriebe, ...
a) die Bauteile für die Herstellung eines Produkts meist zum genau richtigen Zeitpunkt liefern.
b) die viel von anderen Unternehmen geliefert bekommen.
c) die die Tür für Lieferanten immer zu lassen.
d) die es gar nicht gibt.

1 Standorte der Chemieindustrie

6 Chemische Industrie in Deutschland
Arbeite mit Karte 1: An welchem Standort liegen die meisten Chemiebetriebe in Deutschland? Begründe.

Teste dich selbst
mit den Aufgaben 3e und 4.

Ägypten

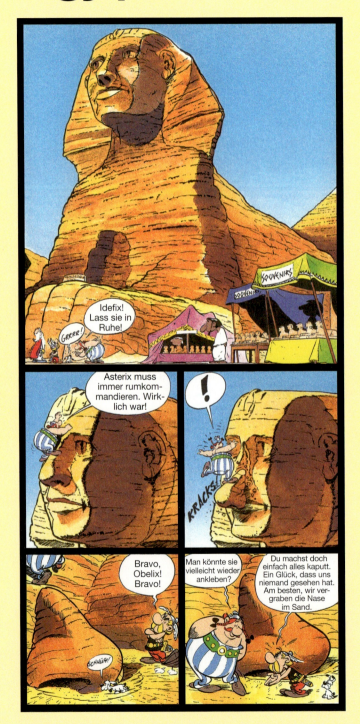

Viele Menschen sind vom alten Ägypten fasziniert, auch wenn es das Reich der Pharaonen schon lange nicht mehr gibt. Heute sind die Pyramiden, die großen Tempelanlagen und Grabanlagen Anziehungspunkte für viele Touristen.
Was erkennst du auf diesen beiden Seiten? Weißt du Genaueres? Kennst du noch andere Dinge aus der Zeit der Pharaonen?

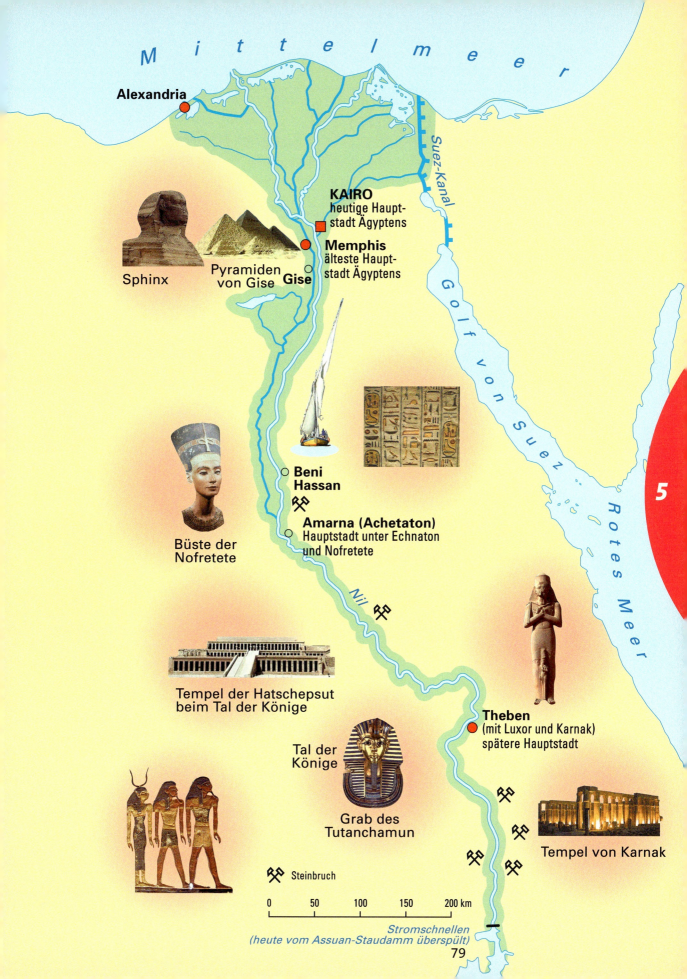

Ägypten

Lebensader Nil

Die Geschichte Ägyptens begann vor etwa 10 000 Jahren, als die letzte Eiszeit endete. Es fiel kaum noch Regen im Norden Afrikas und es wurde heiß. Die Wälder und Graslandschaften sowie die dort lebenden Tiere wie Elefanten, Flusspferde und Antilopen verschwanden. Auch die Menschen, die als Jäger und Sammler das Gebiet westlich und östlich des Nil durchstreiften, mussten sich auf der Suche nach Wasser an die Ufer des Nil zurückziehen. Ab etwa 4 500 v. Chr. wurden die Menschen sesshaft und begannen Landwirtschaft zu betreiben.

Fruchtbares Land in der Wüste
Im März jeden Jahres beginnt auf dem Hochland von Ostafrika die Schneeschmelze und die Regenzeit. Gewaltige Wassermassen fließen durch die Quellflüsse in den Nil hinab. Ab Mitte Juli überschwemmten sie für etwa drei Monate die Ufergebiete und das **Delta** des Nil.

△ griechischer Buchstabe Delta

Katarakt *ist ägyptisch und bedeutet gefährliche Stromschnelle im Nil.*

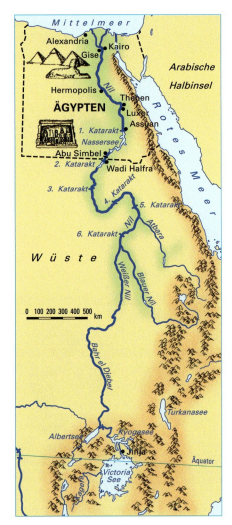

❷ *Der Nil von der Quelle bis zur Mündung*

Das Hochwasser brachte mineralreichen, dunklen Schlamm mit. Dieser lagerte sich nach dem Abfließen des Wassers auf den Feldern ab und färbte sie dunkel. Der Schlamm war so fruchtbar, dass die Ägypter nach ihm ihr Land benannten. Sie nannten es „Kehmet" – schwarzes Land, im Gegensatz zum roten Land der Wüste.

❸ Loblied an den Nil

„Preis dir, Nil, der du aus der Erde entspringst, und hervor kommst, um Ägypten mit Leben zu erfüllen ... erschaffen, um alle Durstigen zu erquicken.

Wenn der Nil zu niedrig ist, dann verengen sich die Nasen (die Luft geht aus) und jedermann verarmt ... Wenn der Nil aber zu hoch ist, dann verringern sich die Menschen, denn er tötet sie durch die Seuche dieses Jahres.

Er ist Wasser, das über die Hügel strömt und nicht durch einen Damm begrenzt wird, sondern ganz nach eigenem Willen verläuft. Ihn begleiten die Jugend und Kinder. Man begrüßt ihn als einen König, dessen Gesetze beständig sind und der zu seiner Stunde kommt, um Ober- und Unterägypten zu füllen."

❹ Die Landschaft am Nil heute

Ägypten

Die Bezeichnung „Ägypten" haben wir von den Griechen übernommen. Die Ägypter selbst unterteilten ihr Land in Oberägypten, das ist das Nilufer vom ersten Katarakt bis zum Beginn des Nildeltas, und in Unterägypten, das ist das Nildelta.

Der ägyptische Kalender

Die Ägypter haben beobachtet: Wenn der Stern Sirius lange nicht zu sehen war, dann aber wieder kurz vor Sonnenaufgang auftauchte, dann stand die Nilschwemme bevor. Zwischen dem regelmäßig wiederkehrenden ersten Auftauchen des Sterns lagen 365 Tage, also ein Jahr. Sie unterteilten das Jahr in zwölf 30-tägige Monate. Die 5 Tage, die dann fehlten, hängten sie am Jahresende an. Sie feierten an diesen Tagen die Geburtstage ihrer Götter.

1 Beschreibe den Lauf des Nil (Karte 2):
   a) Wo ist seine Quelle, wo mündet er?
   b) Wie ändern sich seine Namen?
   c) Wie lang ist er?
2 Beschreibe das Foto 4. Was sagt es über die Bedeutung des Nil aus?
3 Aus dem „Loblied an den Nil" geht hervor, dass die Überschwemmung unterschiedlich ausfallen kann. Erläutere.
4 Erkläre den Ausspruch:
   „Der Nil – Leben und Bedrohung!"

Flussaufwärts mussten die Segel benutzt werden. Deshalb war dies das Zeichen für die Reise nach Süden.

Flussabwärts konnte das Schiff mit eingeholtem Segel treiben. Also war dies das Zeichen für die Reise nach Norden.

Ägypten

Die Landwirtschaft

Bereits früh begannen die Menschen die unregelmäßigen Überschwemmungen zu meistern und die Wasserflut zu nutzen. Das Tal wurde so weit wie möglich eingeebnet, Kanäle und Gräben gezogen und Schutzdeiche angelegt. Damit konnte auch Land, das nicht vom Nil überschwemmt wurde bewässert und fruchtbar gemacht werden.

❶ **Nilüberschwemmung von 1902:** Deutlich ist zu erkennen, wie die Fluten des Nil die Felder überschwemmen und den Pyramiden von Gise sehr nahe kommen.

Zeit der Überschwemmung

Das landwirtschaftliche Jahr begann mit dem Nilhochwasser. Weil die Bauern auf den fruchtbaren Schlamm angewiesen waren, sorgten sie dafür, dass möglichst viel Schlamm auf den Feldern blieb. Dazu legten sie vor dem Hochwasser große, viereckige Erdwälle an, die nach oben geöffnet waren. Wenn die Flut diese Becken mit Wasser gefüllt hatte, wurden die Öffnungen geschlossen. Nach einiger Zeit setzte sich der mitgeschwemmte Schlamm am Boden ab. Sobald die Felder aus dem Wasser auftauchten, ließ man das Wasser aus den Becken langsam abfließen und hatte fruchtbares Ackerland gewonnen.

❷ **Zeichnung aus einem Grab:** Dieses Bild sollte – wie auch Erntebilder – dafür sorgen, dass das Ehepaar im Leben nach dem Tod genug Essen hatte.

Zeit der Aussaat

Sobald das Hochwasser vorüber war, fingen die Bauern an zu pflügen und zu säen. Während das Getreide, die Hülsenfrüchte und das Gemüse wuchsen, mussten die Felder regelmäßig bewässert werden. Dazu wurde Wasser aus dem Nil in die Bewässerungsgräben geschöpft.

❸ **Zeichnung aus einem Grab:** Dieses Bild stellt Aussaat und Ernte dar, die dem Toten im Leben nach dem Tod genug Nahrung sichern sollten.

Zeit der Ernte

Die trockene Zeit war die Zeit der Ernte. Das Getreide wurde mit einer Handsichel geschnitten. Das Korn wurde gedroschen, indem die Bauern Rinder oder Schweine über die Ähren laufen ließen. Zu jeder Zeit überwachten Beamte des Pharao die Arbeit auf den Feldern. Auch über die Vorratshäuser, in denen die Ernteerträge gespeichert wurden, hatten die Beamten des Pharao die Aufsicht.

Brot und Bier

In Ägypten gab es kein Geld. Die Handwerker wurden mit Brot und Bier bezahlt. Fünf kleine Brote und zwei Krüge Bier täglich waren der Mindestlohn. Das Brot wurde hauptsächlich aus Weizen gebacken, das Bier aus Gerste gebraut. Neben diesen beiden Getreidearten wurden unter anderem auch Linsen, Datteln, Feigen, Gurken, Zwiebeln, Weintrauben und Knoblauch angebaut. Es wurden Haustiere wie Rinder, Schafe, Enten und Katzen gehalten und es gab auch schon die Bienenzucht, die Honig lieferte.

Entwicklung zur Hochkultur

Bewässerungstechnik und Vorratshaltung machten es möglich, dass immer weniger Menschen auf den Feldern arbeiten mussten. Sie konnten für andere Aufgaben eingesetzt werden, so für die Verwaltung des Landes, für handwerkliche und künstlerische Tätigkeiten und für die Errichtung von Tempeln, Palästen und Pyramiden.

Nur durch diese ertragreiche Landwirtschaft konnten sich die Ägypter kulturell so hoch entwickeln.

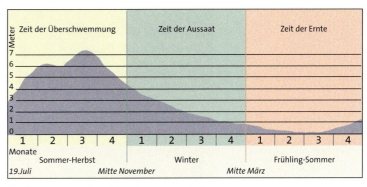

❹ *Der Wasserstand des Nil im Laufe eines Jahres*

❺ **Herodot, ein weit gereister griechischer Gelehrter über die Landwirtschaft:**
„Offenbar sind die Gebiete Ägyptens, die von Griechen zu Schiff besucht werden,
5 Neuland (Schwemmland des Nil) und ein Geschenk des Stromes. Freilich ernten die Ägypter den Ertrag ihres Bodens heute recht mühelos wie kaum andere Menschen. Sie haben es nicht nötig, mühevoll
10 mit dem Pflug Furchen zu ziehen, den Boden zu hacken oder sonst Feldarbeiten zu tun, womit sich andere auf dem Acker plagen. Der Strom kommt von selbst, bewässert die Äcker und fließt dann wieder ab.
15 Dann besät jeder seinen Acker und treibt die Schweine darauf. Wenn er die Tiere die Saat hat fest treten lassen, wartet er ruhig die Ernte ab, drischt das Korn mithilfe der Schweine und fährt es heim."

1 *Beschreibe die Bilder 1 bis 3 und ordne sie den Jahreszeiten der Ägypter zu.*

2 *Beschreibe mithilfe des Diagramms 4 den Wasserstand des Nil im Laufe eines Jahres.*

3 *Schreibe einen Brief an Herodot, in dem du erläuterst: So einfach, wie er es beschreibt, hatten es die Bauern nicht! Nutze alle Materialien.*

❻ *Noch heute wird die jahrtausendealte Erfindung des Schaduf genutzt:* Die Männer schöpfen mit dem Schaduf Wasser aus dem Nil in die Bewässerungsgräben.

Kaum zu glauben

Das Wäschewaschen war im alten Ägypten Männersache – wegen der Krokodile im Nil.

Ägypten

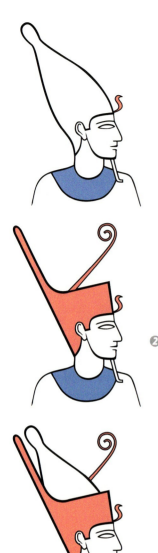

① *Die Kronen des Pharao*

② *Schminkpalette des Narmer (um 3 000 v. Chr.): Auch in friedlichen Zeiten ließen sich die Pharaonen als starke Kämpfer darstellen.*

③ *Rückseite der Schminkpalette des Narmer*

Der Pharao

An der Spitze des ägyptischen Staates stand der Pharao. Dem Pharao gehörte alles: Menschen, Tiere und das Land. Er verteilte den Boden. Was er sagte, war Gesetz. Er war Herr über Leben und Tod. Seine Befehle wurden bedingungslos ausgeführt.

Der Gottkönig

Für die Ägypter war ihr König ein gottähnliches Wesen mit übernatürlichen Kräften. Die meisten Ägypter bekamen den Pharao nicht zu Gesicht. Nur hohe Beamte und Priester durften sich in seiner Nähe aufhalten. Sein Name durfte nicht einmal ausgesprochen werden. Man sprach „vom großen Haus". Nichts anderes bedeutet das Wort Pharao.

Ein guter Pharao sicherte günstige Nilüberschwemmungen und gute Ernten. Er war kräftig, mutig und ein guter Bogenschütze, der das Land vor Feinden schützen konnte. Vor allem aber sorgte er für Einigkeit im Volk und für Ordnung und Sicherheit.

Zeichen der Macht

Als Zeichen der Königswürde konnte der Pharao mit drei verschiedenen Kronen abgebildet werden: mit einer weißen Krone für Oberägypten, einer roten für Unterägypten und einer Doppelkrone für Gesamtägypten. Die drei Kronen erinnern daran, dass der Staat Ägypten durch die Vereinigung von Ober- und Unterägypten entstand. Das geschah etwa 3 000 v. Chr. durch den Pharao Narmer.

Der Pharao konnte auch mit einem Geier für Oberägypten und einer Kobra für Unterägypten dargestellt werden.

4 *Der innere Sarg des Tutanchamun:* Er ist aus purem Gold. Die Zeichen seiner Macht sind gut zu erkennen.

5 *Aufbau der ägyptischen Gesellschaft*

Weitere Zeichen seiner Macht waren Krummstab und Geißel, die Arbeitsgeräte der Hirten, und der lange künstliche Bart.

Die Untertanen

Der Wesir war der erste Minister des ägyptischen Reiches. Er gab Anordnungen des Pharao an die Beamten weiter. Unter ihm standen die Priester. Sie hatten viel Macht, weil sie die Verehrung für die verstorbenen Pharaonen ausübten und dafür Ländereien und Ernteerträge erhielten.

Zahlreiche Beamte sorgten dafür, dass die Befehle des Pharao ausgeführt wurden und die Versorgung der Bevölkerung gesichert war.

Die Handwerker und Künstler hatten sich auf verschiedene Berufe spezialisiert. Sie waren Töpfer, Maurer, Zimmerleute, Steinmetzen, Maler, Kupferschmiede und Tischler. Die Kaufleute zogen in ferne Länder und handelten dort im Auftrag des Pharao mit Parfüm, Gewürzen und Edelsteinen.

Die Bauern bestellten die Felder des Pharao. Bei Hochwasser arbeiteten sie auf der Pyramidenbaustelle.

1 *Betrachte die Zeichnung 1:*
  a) *Welche Kennzeichen der Königswürde werden dargestellt?*
  b) *Was hatten diese für eine Bedeutung?*
2 *Vergleiche die beiden Kronen, die der Pharao auf den Fotos 2 und 3 trägt. Welche Vorgänge werden auf beiden Seiten dargestellt?*
3 *Woran kann man erkennen, dass Tutanchamun ein Pharao war (Foto 4)?*
4 a) *Beschreibe den Aufbau der ägyptischen Gesellschaft.*
  b) *Kann man von einer Bevölkerungsgruppe sagen, sie sei am wichtigsten?*

Kaum zu glauben

Die Pharaonin Hatschepsut ließ sich mit einem künstlichen Kinnbart als Zeichen der Königswürde abbilden.

Ägypten

① Aus dem Grab des Menena: *Er war Feldvermesser und führte die Aufsicht über die Bauern. Bauern, die nicht rechtzeitig ablieferten, wurden auf seinen Befehl von seinen Dienern hart bestraft.*

② **Aufforderung des Steuerbeamten Amenemope an seine Kollegen:**

„Verrücke nicht den Markstein auf den Grenzen der Felder. Und verschiebe nicht die Messschnur von ihrer Stelle. Sei nicht gierig nach einer Elle Acker. Und vergreife dich nicht an den Ackergrenzen einer Witwe. Schädige nicht einen Menschen durch die Schreibbinse auf dem Papyrus, das ist für den Gott ein Abscheu ... Stelle keine Steuerberechnung für den auf, der nichts hat ... Wenn du einen großen Rückstand bei einem Armen findest, so mache daraus drei Teile: Erlasse ihm zwei davon und lass nur einen stehen.
Benachteilige nicht einen Menschen vor Gericht und dränge nicht den, der im Recht ist, beiseite. Nimm keine Bestechung von einem Mächtigen an und bedränge seinetwegen nicht einen Schwachen."

Im Auftrag des Pharao

Auf vielen Bildern des alten Ägypten sieht man Personen, die sich Notizen machen. Das sind die Schreiber.

Schreiber waren hoch angesehen und wurden gut bezahlt. Sie waren im Auftrag des Pharao überall im Land unterwegs. Zu ihren Aufgaben gehörten: die Vermessung und Zuteilung der Felder überwachen, die Bewässerung organisieren sowie die Ernte und die Abgaben beaufsichtigen. Ohne die Schreiber hätte der Pharao nicht einen Tag regieren können.

Beim Schreiben saßen die Schreiber im Schneidersitz und hatten den Papyrus in Form einer Rolle auf den Knien liegen. Der straff gespannte Schurz diente als Tischersatz. Schreibgerät war die Schreibbinse. Die schwarze Tusche bestand aus Holzkohle und Wasser; für die rostrote Tusche wurde Ocker, eine Erdfarbe verwendet.

„Werde Schreiber!"

Schreiben, lesen und rechnen durfte im alten Ägypten jeder lernen. Aber die Ausbildung zum Schreiber war schwer und dauerte viele Jahre. In den Schreiberschulen bekamen die jungen Schüler oftmals Schläge. Doch das Durchhalten lohnte sich. Als Beamte des Pharao ging es den Schreibern deutlich besser als den Handwerkern und Bauern. Sie besaßen bessere Kleidung und größere Häuser, hatten genug zu essen und konnten sich schönere Grabbauten leisten.

❸ Aus einer Schülerbelehrung in einer Schreiberschule:

„Denke daran, wie es dem Bauern geht, wenn man von seiner Ernte die Steuer berechnet. Wenn die Raupen die Hälfte des Korns auf den Feldern vernichtet haben; die Vögel hören nicht auf zu plündern; das Vieh verschlingt es ... Der Rest schließlich, der auf der Tenne liegt, wird ihm geraubt ...
Der Schreiber landet am Ufer, um die Steuer von der Ernte zu berechnen. Die Wächter haben Ruten und Stöcke und sie sagen: „Gib Korn her! Hat er keins, schlagen sie ihn mit Stöcken. Er wird gebunden und in den Kanal geworfen, er taucht bis zum Kopf unter."

❹ *Auch das Führen genauer Listen gehörte zu den Aufgaben Menenas und seiner Beamten.*

❺

1 Betrachte das Bild 5. Woran erkennst du, dass es sich um einen Schreiber handelt?

2 Erläutere die Aufgaben der Schreiber. Welche Vorteile hatten sie.

3 Lies den Text 2 aufmerksam durch. Schreibe ein Zeugnis über einen Beamten, in dem er von seinem Vorgesetzten gut beurteilt wird.

4 Bildet Gruppen und lest den Text 3. Denkt euch anschließend ein Gespräch aus: Drei Bauern sind mit ihren Steuerbeamten unzufrieden.

Die Schrift – auf Stein und Papyrus

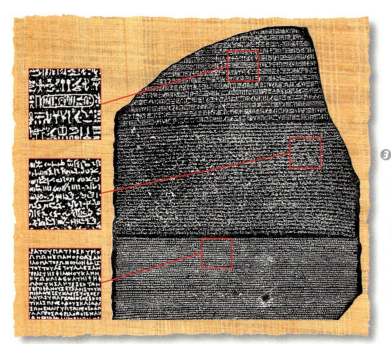

❶ Der Stein von Rosetta

❸ **1799, Rosetta an der Mündung des westlichen Nilarms:** Soldaten Napoleons wollen ihre Festung ausbauen. Sie nutzen dazu den herumliegenden Steinschutt. Zufällig entdeckt ein Soldat einen Stein mit verschiedenen Schriftzeichen. Wissenschaftler untersuchen den Stein von Rosetta. Sie stellen fest, dass sich darauf drei verschiedene Formen von Schriftzeichen befinden: altgriechische und zwei ägyptische. Sie gehen davon aus, dass es sich bei den drei verschiedenen Abschnitten um Texte mit gleichem Inhalt handelt. Obwohl man in der Lage ist, altgriechische Texte zu lesen, bleiben die ägyptischen Schriftzeichen ein Rätsel.

1814, Großbritannien: Thomas Young erkennt, dass die Bildzeichen des Altägyptischen auch für einzelne Buchstaben stehen können.

1822, Der Franzose Jean-Francois Champollion ist der erste Mensch seit fast 2000 Jahren, der die ägyptische Schrift wieder lesen kann. Er hat erkannt, dass 24 Zeichen für Buchstaben stehen, die zusammen Wörter ergeben.

Vor über 5000 Jahren erfanden die Ägypter ihre Schrift. Mit dieser Entdeckung taten sich viele neue Möglichkeiten auf: So konnten in dem großen Reich die Abgaben festgelegt und über die Menge an Vorräten Buch geführt werden. Wichtige Gedanken und Erkenntnisse konnten aufbewahrt werden. Die Pharaonen ließen ihre ruhmreichen Taten für die nachfolgenden Generationen aufschreiben.

Zeichen	Dargestellter Gegenstand	Aussprache	Zeichen	Dargestellter Gegenstand	Aussprache
	Geier	a (kurz)		Löwe	l
	Bein	b		Eule	m
	Tierleib mit Ziffern	ch			
	Hand	d		Brettspiel	mn
	unbekannt	ch		Wasser	n
	Unterarm	e		Seil	o
	Schlange (Hornviper)	f		Hocker	p
	Krugständer	g		Abhang	p (auch k)
	Hof	h		Mund	r
	Docht	h		gefalteter Stoff	s (stimmloses)
	Schilfblatt	i oder j		Teich	sch
	Korb	k		Brotlaib	t
				Wachtelküken	w oder u
	Wörter, die mit Bewegung zu tun haben			Deutzeichen Mann-Frau	

❷

Das erste Schreibpapier

Das am meisten verwendete Material zum Beschreiben war der Papyrus. Er wurde aus dem Stängel der im Sumpf wachsenden Papyrus-Pflanze hergestellt. Wie man das machte, war Staatsgeheimnis.

Heilige Zeichen

Die Zeichen der Ägypter waren bereits den Griechen als etwas Besonderes aufgefallen, als sie Ägypten bereisten. Da sie die fremden, unverständlichen Zeichen vor allem auf den steinernen Wänden von Tempeln und Gräbern sahen, gaben sie ihnen den Namen **„Hieroglyphen"**, das heißt „heilige in Stein gemeißelte Zeichen". Die Hieroglyphenschrift war eine Art Druckschrift. Sie wurde über 3 000 Jahre unverändert verwendet, in den letzten 1 000 Jahren jedoch nur noch für religiöse Texte in Tempeln und Gräbern.
Außerdem schrieben die Ägypter mit Pinsel und Tinte auf Papyrus zwei vereinfachte Arten von Schreibschrift.

Eine komplizierte Schrift

Die einzelnen Zeichen können Buchstaben, Silben oder Wörter bedeuten. Das Zeichen Geier kann z. B. als „a" gelesen werden oder aber auch „Geier" heißen. Außerdem gibt es Deutzeichen, die nicht mitgesprochen werden, aber für das Verständnis der Wörter wichtig sind. Diese Schrift hat keine Satzzeichen wie Punkt oder Komma und die Wörter können von oben nach unten, von links nach rechts oder rechts nach links geschrieben sein. Einen Hinweis geben die Tiere und Menschen in den Wörtern: Sie blicken immer zum Wortanfang. Schauen sie nach links, beginne links mit dem Lesen.

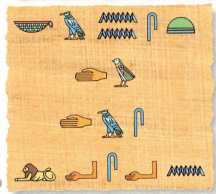

1 Übersetze die „Nachrichten" 4 und 5.
2 Schreibe deinen Namen in Hieroglyphen.
3 Beschreibe mithilfe der Zeichnungen die Herstellung von Papyrus.
4 Nutze die Hieroglyphen für geheime Botschaften. Wenn Laute fehlen, sei erfinderisch und suche Laute, die ähnlich klingen. Die ägyptischen Schreiber haben das auch so gemacht.

Papyrus
Aus Papyrus machten die Ägypter Sandalen, Körbe, Boote – und den Papyrus, auf dem man schreiben kann. Man hat herausgefunden, wie Papyrus hergestellt wurde.

Nachdem der Stängel geschält war, wurde das weiche faserige Innere in Streifen geschnitten.

Diese Streifen wurden in zwei sich kreuzenden Lagen ausgelegt. Diese wurden mit einem Leinentuch abgedeckt, geklopft und gepresst.

Ägypten

Frühe Hochkulturen weltweit

Azteken
Die Azteken beherrschten zur Zeit der spanischen Eroberung (1519–1521) weite Gebiete Mexikos. Um 1370 gründeten sie ihre Hauptstadt Tenochtitlán (das heutige Mexiko-Stadt). Sie waren wie ihre Vorfahren Ackerbauern, Händler und Krieger. Die Azteken entwickelten eine Bilderschrift. Sie bauten Stufen-Pyramiden, auf denen sie Tempel errichteten. Den Göttern, besonders dem Sonnen- und Kriegsgott, wurden viele Menschenopfer gebracht.

Kalender der Azteken

Maya
Die Maya-Kultur erreichte ihren Höhepunkt im 4.–9. Jahrhundert n. Chr. Aus religiösen Stätten mit steinernen Stufenpyramiden und Palästen gingen große Stadtstaaten hervor. Diese wurden von Gottkönigen regiert. Die Maya besaßen ausgezeichnete Kenntnisse in Sternenkunde. Sie entwickelten einen genauen Kalender und hatten als einzige in Amerika eine richtige Schrift, die allerdings noch nicht vollständig entziffert ist.

Maya-Schriftzeichen

Inka
Die Inka, deren Kultur von den Spaniern 1531–1533 zerstört wurde, waren die Erben von mehreren weit zurück reichenden Hochkulturen im heutigen Peru. Auf bewässerten Ackerterrassen wurden viele Kulturpflanzen wie Mais und Kartoffeln angebaut. An der Spitze der streng gegliederten Gesellschaft stand der Inka, der als Sohn der Sonne verehrt wurde. Als Schriftersatz dienten den Inka Knotenschnüre.

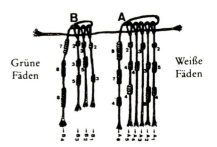

Knotenschrift der Inka

China

Die frühe chinesische Hochkultur entstand um 1800 v. Chr. in Nordchina im Tal des Huang He. Ein weit verzweigtes Bewässerungssystem führte zu einer ertragreichen Landwirtschaft. Zwischen mehreren Staaten gab es Kämpfe um die Vorherrschaft, bis 221 v. Chr. der erste Kaiser das Land unter seiner Herrschaft vereinte. Im Hinblick auf die Schrift unterscheidet sich China von den anderen Hochkulturen, denn die ab etwa 2000 v. Chr. entwickelte Schrift geriet nie in Vergessenheit, sondern ist heute noch in Gebrauch.

Chinesische Schrift

Ägypten

In Ägypten brachten die alljährlichen Überschwemmungen des Nil fruchtbares Schwemmland mit sich und ermöglichten reichhaltige Ernten. Seit 3000 v. Chr. bildete Ägypten einen einheitlichen Staat. Er wurde von vielen Beamten verwaltet. Sie verwendeten die Hieroglyphenschrift. Die Macht lag in den Händen der Pharaonen, die als Gottkönige verehrt wurden. Äußere Zeichen ihrer Macht waren im frühen Ägypten die gewaltigen Pyramiden.

Industal

Um 2500 v. Chr. entstand in dem fruchtbaren Schwemmland des Indus eine Hochkultur. Es gab zahlreiche Städte, die mit Mauern aus gebrannten Ziegeln umgeben waren. Die beiden größten und bisher am besten erforschten Städte sind Harappa und Mohenjo-Daro. Auch in der Induskultur wurde eine Schrift erfunden, die aber noch nicht entziffert werden konnte.

Indisches Siegel

Mesopotamien

Um 3500 v. Chr. bildete sich in der fruchtbaren Ebene von Euphrat und Tigris die früheste Hochkultur heraus. In ausgedehnten Kanälen wurde das Flusswasser auf die Felder geleitet. Mehrere Stadtstaaten kämpften ständig um die Vorherrschaft. Das prächtigste Gebäude in jeder Stadt war eine gewaltige Tempelanlage. Der oberste Priester war gleichzeitig der Stadtkönig. Seine Beamten verwalteten das Land. Dazu benutzten sie die Keilschrift, die in Mesopotamien entwickelte Form der Schrift.

Keilschrift

Hieroglyphenschrift

Ägypten

Sphinx
Steinerne Figur, die den Kopf eines Königs und den Körper eines Löwen hat

② **Pyramiden bei Gise:** Nahe Kairo erheben sich am Westufer des Nil die bekanntesten Pyramiden (links die Pyramide des Chephren (143 m hoch), davor die Sphinx, rechts die Cheops-Pyramide).

Die Pyramiden – geheimnisvolle Grabstätten

① **Grundriss der Cheops-Pyramide**
- Es wurden etwa 2,6 Mio. Steine in 201 Schichten verbaut.
- Durchschnittliches Gewicht der Steine: etwa 2,65 t (Ein Pkw wiegt etwa 1,5 t.)
- Gewicht der Deckenblöcke der Grabkammer: etwa 50 t
- Ursprüngliche Höhe: 147 m

Die Wohnhäuser waren für die Ägypter nur ein vorübergehender Aufenthaltsort. Viel wichtiger waren ihnen die Gräber, denn die Ägypter waren davon überzeugt, dass sie in diesen eine Ewigkeit wohnen würden. Den Tod hielten sie nämlich für den Übergang vom vergänglichen ins ewige Leben.

Für die Ewigkeit vorbereiten
Als erstes sollte das Weiterleben dadurch gesichert werden, dass der Körper erhalten blieb. Starb ein Pharao, so wurde sein Körper mumifiziert, d. h. er wurde durch eine besondere Behandlung konserviert. Damit die Seele, die den Menschen beim Tode verließ, diesen wiedererkennen konnte, wurde das Gesicht das Pharao durch eine Maske nachgeformt. Die schönste erhaltene Mumienmaske ist die aus purem Gold gehämmerte Maske von Tutanchamun. In den Sarg legte man all die Dinge, die der Tote im neuen Leben benötigen würde: Essen, Kleider, Schmuck, Waffen und vieles mehr – und selbstverständlich die königlichen Herrschaftszeichen.

Große Gräber aus Stein
Nun musste die **Mumie** vor Grabräubern geschützt werden. Seit 2600 v. Chr. baute man dafür große Pyramiden. Sie hatten einen nahezu quadratischen Grundriss und glatte Außenseiten aus Felsgestein. Im Inneren der Pyramide wurde eine versteckte **Grabkammer** angelegt, in die der Steinsarg zusammen mit dem Schmuck und den Gerätschaften gebracht wurde.

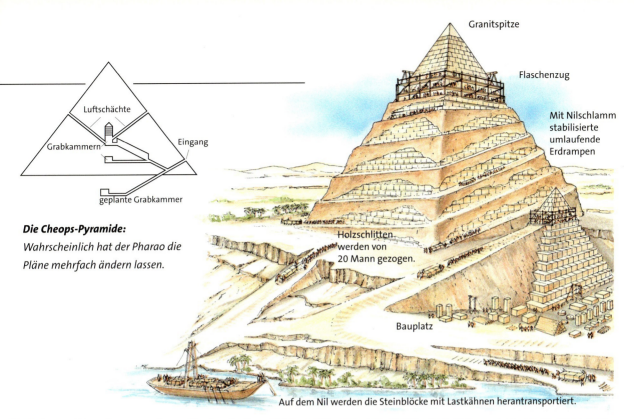

Die Cheops-Pyramide:
Wahrscheinlich hat der Pharao die Pläne mehrfach ändern lassen.

❸ **Einige Forscher nehmen an, dass so der Bau der Pyramiden vor sich gegangen sein könnte:** Auf Rampen wurden die Steine nach oben transportiert. Die Außenverkleidung wurde danach angebracht.

Erstaunliche Leistungen

Die Ägypter glaubten, dass der Pharao nach seinem Tode ein Gott werde, der weiterhin für sein Volk sorge. Deshalb nahmen sie die schwere und gefährliche Arbeit beim Bau einer Pyramide auf sich. Die schweren Steinblöcke mit Kantenlängen zwischen 1 m und 1,5 m wurden mit Kupfermeißeln so genau bearbeitet, dass zwischen die einzelnen Steinblöcke nicht einmal mehr die Klinge eines Messers passte. Die Felsblöcke für die Grabkammer und die äußere Verkleidung wurden in Lastkähnen über hunderte von Kilometern transportiert. Dafür wurde extra ein Kanal vom Nil bis zum Bauplatz gebaut. Anschließend wurden die Blöcke wahrscheinlich auf Holzschlitten transportiert.
Die größte Pyramide erhebt sich in der Nähe von Kairo bei Gise am Westufer des Nil. Der gewaltige Bau wurde etwa 2 550 v. Chr. begonnen und sollte die Mumie und die Beigaben des Pharao Cheops schützen.

1 Beschreibe mithilfe der Zeichnung 3 den Bau einer Pyramide.

2 Erkläre, warum die Ägypter einen so hohen Aufwand für ihre Toten betrieben.

3 Woran könnte es gelegen haben, dass sich die Ägypter davor fürchteten, in fremden Ländern zu sterben?

4 Erfindet ein Gespräch zwischen dem Pharao und seinem Baumeister. Beginne so:
Pharao: „Baumeister, ich möchte nach meinem Ableben ein großes, auffälliges Grabmal haben, in dem ich vor Grabräubern geschützt bin."
Baumeister: „Was für eine Pyramide stellen Sie sich vor, großer Pharao?" ...

Offene Fragen

Die Ägypter selbst haben über den Bau der Pyramiden nur sehr wenig berichtet. Deshalb werden von Geschichtsforschern noch viele Fragen diskutiert. Hier nur einige:
Wie viele Jahre wurde wirklich an den Pyramiden gebaut? Waren 20 000 oder 80 000 Menschen beteiligt? Warum wurde gerade eine quadratische Grundfläche für die Pyramiden gewählt? Sollten die „Luftschächte", die auf wichtige Sterne am Himmel weisen, Wege für die Seele des Pharao sein?

❶ *Howard Carter am Sarkophag des Tutanchamun*

Im Tal der Könige

Felsengräber im Tal der Könige

Im Verlauf der ägyptischen Geschichte wurden fast alle Pyramiden aufgebrochen und ausgeraubt. Daher ließen sich die Pharaonen des Neuen Reichs in Grabkammern bestatten, die tief in den Felsen gehauen wurden. Wegen der insgesamt 64 Königsgräber nennt man das einsame Tal westlich von Theben das „Tal der Könige". Indem man die Grabanlagen mit Fallgruben, Scheingräbern und Geheimgängen versah, versuchte man mögliche Grabräuber in die Irre zu führen. Wächter bewachten das Tal Tag und Nacht. Trotz dieser Vorsichtsmaßnahmen wurden auch diese Gräber ausgeraubt. In der Neuzeit hofften viele Archäologen im Tal der Könige ein noch ungeöffnetes Grab zu finden.

Das Grab von Tutanchamun

Einige Fundstücke im Tal der Könige mit dem Namen „Tutanchamun" brachten den britischen Archäologen Howard Carter zu dem Entschluss, das Grab dieses bis dahin kaum bekannten Königs zu suchen. Im November 1922 legte er endlich eine Treppe frei, die vor einer versiegelten Tür endete. Die Tür wurde vollständig freigelegt und Carter entdeckte zu seiner unbeschreiblichen Freude das Siegel des Tutanchamun.

Aufgebrochen, aber nicht geplündert

Zugleich erkannte er mit Bestürzung an einem zweiten Siegel, dass die Tür schon einmal aufgebrochen, aber wieder verschlossen worden war. Hinter der Tür führte ein langer mit Schutt gefüllter Gang zu einer zweiten Tür, die ebenfalls mit einem zweiten Siegel wieder verschlossen war. Was befand sich dahinter? Ein Loch wurde in die Tür geschlagen und Carter blickte staunend in eine Kammer. Sie war angefüllt mit kostbaren Gegenständen: vergoldeten Statuen und Wagen, Vasen, Lampen, Truhen, einem goldenen Thronsessel. Aber alles lag durcheinander. An einer Längsseite der Vorkammer entdeckte Carter eine dritte Tür. Aber auch diese Tür war schon früher aufgebrochen und dann wieder versiegelt worden. Hinter dieser Tür aber musste die Sargkammer sein.

Carter berichtet:

„Wir wussten nur eins, wenn wir die Tür jetzt öffneten, so würden wir Jahrtausende überbrücken. Wir würden uns in Gegenwart eines Königs befinden, der vor über 3000 Jahren herrschte. Nachdem ich ein Loch gemacht hatte, führte ich eine kleine elektrische Lampe hindurch. Staunen erregendes enthüllte ihr Licht. Kaum ein Meter von der Tür entfernt stand eine Mauer aus massivem Gold. Wir waren am Eingang der Sargkammer des Königs! Die Mauer war die Wand eines riesigen Schreins, erbaut, um den Sarg zu decken und zu schützen. So ungeheuer war das Bauwerk, dass es fast die ganze Kammer ausfüllte.

Hatten die Diebe auch die Grabstätte des Königs aufgebrochen? Die großen Flügeltüren an dem Schrein mussten uns die Frage beantworten. Eilig zogen wir die Querriegel zurück und schlugen die Tür auf. Im Innern befand sich ein zweiter Schrein mit ähnlich verriegelten Türen, und auf den Riegeln befand sich ein unversehrtes Siegel! Ich glaube, in diesem Augenblick wünschten wir gar nicht, das Siegel zu lösen, denn schon beim Öffnen der Türen fühlten wir uns als Eindringlinge. Sorgfältig und so leise wie möglich schlossen wir die Flügeltüren und schritten weiter zum anderen Ende der Kammer.

Dort wartete auf uns eine weitere Überraschung. Eine niedrige Tür, weder verschlossen noch versiegelt, führte in eine weitere Kammer. Ein einziger Blick genügte, uns zu zeigen, dass sich hier die größten Schätze des Grabes befanden."

Was ergab die Untersuchung der Grabkammer?

Drei ineinander gestellte vergoldete Schreine umschlossen einen großen Steinsarkophag. In diesem befanden sich ineinander eingepasst drei weitere, mumienförmige Särge, welche die Gestalt des Königs zeigten, stets mit Krummstab und Geißel. Der dritte Sarg, aus purem Gold, enthielt die Mumie des Königs. Ihren Kopf und ihre Schulter bedeckte eine goldene Maske, die das Porträt von Tutanchamun zeigte. In der Umhüllung aus Bindenwickeln befanden sich 143 kostbare Stücke wie Amulette, Armbänder, Stirnreifen, Dolche und Werkzeuge aus dem damals überaus kostbaren Metall Eisen.

Die drei Türen bis zur Sargkammer waren zwar von Dieben aufgebrochen worden, aber Wächter hatten sie offenbar ergriffen und dann die Türen wieder versiegelt. Daher waren die Grabbeigaben in Unordnung geraten, aber noch vollständig vorhanden. Carter und seine Mitarbeiter waren mehrere Jahre tätig, um die mehr als 2000 Grabbeigaben zu bergen. Das mit unschätzbar wertvollen Gegenständen ausgestattete Grab des jungen, unbedeutenden Pharao lässt ahnen, wie kostbar die Gräber der großen Pharaonen ausgestattet gewesen sein müssen.

Wenn ihr es genauer nachlesen wollt: Howard Carter, Ich fand Tutanchamun, Würzburg Arena-Verlag

Ägypten

❶ **Isis:** Sie verbarg ihren Sohn vor Seth und war eine sehr angesehene Göttin.

❸ **Horus mit Falkenkopf:** Die Pharaonen sahen sich in seiner Nachfolge als Könige von Ägypten

❹ **Anubis:** Er wurde entweder als Schakal oder mit Schakalkopf dargestellt. Er war der Schutzgott der Toten und führte die Aufsicht bei der Einbalsamierung.

Die ägyptische Götterwelt

❷ **Der Mythos von Osiris und Isis**
Osiris war ein mächtiger Herrscher Ägyptens. Eines Tages wurde er von seinem Bruder Seth ermordet. Dieser zerstückel-
5 te die Leiche und verstreute sie über ganz Ägypten. Isis, die Frau des Osiris, suchte gemeinsam mit ihrer Schwester Nephthys die Leichenteile zusammen. Mithilfe des Totengottes Anubis fügte sie diese
10 wieder zusammen, wickelte sie in Leinentücher (wie eine Mumie) und erweckte sie durch Zaubersprüche zu neuem Leben. Dann empfing sie von ihrem Gemahl den Sohn Horus. Osiris konnte nicht zur Erde
15 zurückkehren, wurde aber Herrscher des Totenreichs und Gott der Auferstehung. Horus hörte später vom Schicksal seines Vaters, kämpfte gegen seinen Onkel Seth und besiegte ihn. So erkannten die Götter
20 Horus das Recht zu, seinem Vater auf dem Thron Ägyptens nachzufolgen.

Die Ägypter verehrten sehr unterschiedliche Götter und Göttinnen. Sie stellten sie sich in menschlicher Form, aber auch in Tiergestalt vor. Einige waren halb Tier, halb Mensch, andere besaßen einen Tierkopf. Über jeden Gott und jede Göttin wurden Geschichten erzählt. Man nennt sie Mythen. Ein solcher **Mythos** ist der von Isis und Osiris.

Der Glaube an das Leben nach dem Tod
Jeder Pharao galt in Ägypten als Horus in Menschengestalt. Er trug den Titel „Starker Horus". Nach seinem Tod lebte er weiter als Osiris. Wie der Pharao hoffte jeder Ägypter auf ein Weiterleben nach dem Tod. Allerdings musste sich der Tote auf dem Weg ins Jenseits einer Prüfung unterziehen, bevor ihn Osiris in sein Reich aufnahm.

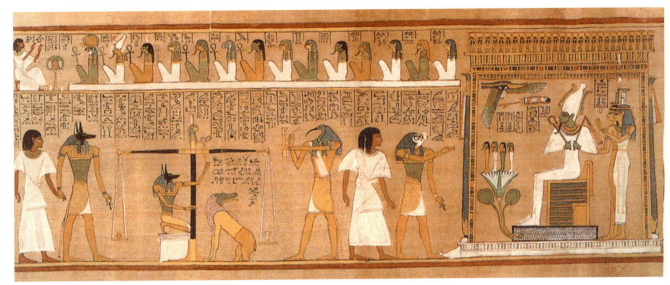

5 *Auf einem Papyrus ist das Totengericht des Schreibers Hunefer dargestellt, um 1 300 v. Chr.*

Das Totengericht
Diese Prüfung wird als Totengericht bezeichnet. In ihm wurde geprüft, ob der Tote im Leben immer wahrhaftig und rechtschaffen gewesen war. Dazu wurde das Herz auf die linke Schale einer Balkenwaage gelegt. Auf die andere Schale kam eine Feder, das Zeichen der Göttin für Wahrheit und Gerechtigkeit. Das Herz durfte nun nicht schwerer sein als die Feder.

Das Totenbuch zur Verteidigung
Aber wer kann von sich behaupten, dass er immer die Wahrheit gesagt und immer alles richtig gemacht hat. Daher sorgten die Ägypter vor. So legten sie zum Beispiel ein Buch mit Verteidigungsreden zur Mumie. Auch der Sarg des Schreibers Hunefer enthielt ein solches Totenbuch. Es sollte ihm helfen in das Reich von Osiris einzugehen.

1 Betrachte die Zeichnung 5. Beschreibe der Reihe nach, wie es Hunefer (im weißen Gewand) im Totengericht ergeht.

6 Hunefer in seinem Totenbuch:
„Ich habe kein Unrecht gegen Menschen begangen ... ich habe nicht Gott gelästert ... Ich habe keinen Diener bei seinen Vorgesetzten verleumdet ... ich habe nicht getötet ... Ich habe nichts vermindert am Ackermaß. Ich habe nichts fortgenommen am Ackerland ... Ich habe das Wasser während der Überschwemmung nicht abgeleitet ...
Ich habe getan, was die Weisheitslehrer gesagt haben und womit die Götter immer zufrieden sind ... Ich habe Brot gegeben dem Hungrigen und Wasser dem Durstigen, Kleider dem Nackten und eine Fähre dem Schifflosen. Ich habe den Göttern die Gottesopfer und den Toten die Totenopfer dargebracht."

2 Lies die Rede, die Hunefer für sein Totengericht vorbereitet hat.
a) Welche Verhaltensregeln hat er in seinem Leben befolgt?
b) Beurteile, ob sie auch heute noch wichtig sind.

Ägypten

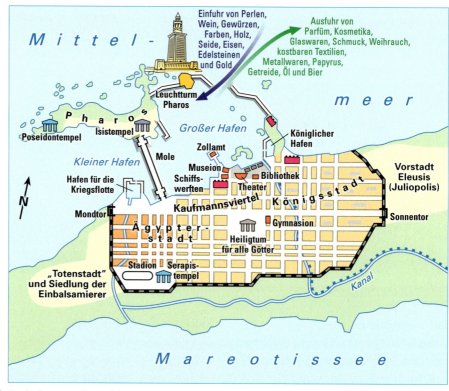

① *Stadtplan von Alexandria*

Was wurde aus dem Ägyptischen Reich?

In Persien, dem heutigen Iran, war im 6. Jahrhundert v. Chr. das größte Reich entstanden, das die Welt bis dahin gesehen hatte. Im Jahr 525 v. Chr. wurde Ägypten erobert und ins Persische Reich eingegliedert.

Ägypten wird griechisch

Im Westen grenzte das Persische Reich an Griechenland. Im 4. Jahrhundert v. Chr. erlangte der König von Makedonien die Vorherrschaft über Griechenland. Mit einer vereinigten griechischen Streitmacht wollte er gegen das Perserreich ziehen, wurde aber während der Vorbereitung ermordet. Sein Sohn Alexander war erst 22 Jahre alt. Er übernahm das ehrgeizige Ziel seines Vaters, zog mit einer großen Streitmacht nach Persien und siegte. Seit 332 v. Chr. gehörte auch Ägypten zu seinem Reich. Wegen seiner militärischen Erfolge erhielt Alexander den Beinamen „der Große". Alexander der Große gründete an der Mittelmeerküste eine neue Stadt, die er nach sich selbst „Alexandria" nannte. Nach Alexanders Tod wurde sein General Ptolemaios König von Ägypten. Er verlegte seinen Regierungssitz nach Alexandria, das sich zum Zentrum des Handels und der Wissenschaft entwickelte.

❷ *Der Hafen von Alexandria heute*

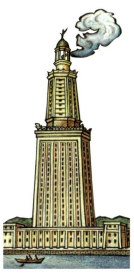

❹ *Auf der Insel Pharos vor Alexandria wurde im 3. Jahrhundert v. Chr. ein riesiger Leuchtturm errichtet. Er sollte den Seefahrern helfen, vor der flachen ägyptischen Küste den richtigen Kurs zu halten. Der Turm gehört zu den Sieben Weltwundern des Altertums.*

❸ **Strabo, ein griechischer Geograph und Historiker, beschreibt Alexandria:**

„Zu den königlichen Gebäuden gehört das Museion mit einer Wandelhalle, einer Halle zum Sitzen und einem großen Bau, worin sich der Speisesaal der hier angestellten Gelehrten befindet. Am großen Hafen liegen rechts neben der Einfahrt die Insel und der Turm Pharos. Der Wohlstand der Stadt ist vor allem darin begründet, dass von ganz Ägypten allein dieser Platz zu beidem geschaffen ist: zum Seehandel wegen der guten Hafenverhältnisse und zum Binnenhandel, weil der Nil wie ein bequemerer Fährmann alles transportiert und an einem Platz zusammenführt, der der größte Handelsplatz der Welt ist. Heute werden gewaltige Flotten bis zum Indischen Meer und zum Äthiopischen Vorgebirge ausgesandt, von wo die wertvollsten Frachten nach Ägypten geschafft und von da aus weiter zu den andren Handelsplätzen versandt werden: So kommen doppelt Zölle ein, von der Einfuhr wie von der Ausfuhr."

Museion
Ein Haus für die Kunst und die Wissenschaften

Gymnasion
Eine Sportanlage

Ägypten wird römische Provinz

Die letzte Königin von Ägypten war Kleopatra (51–30 v. Chr.). Als die Römer Ägypten eroberten, wurde Kleopatra die Geliebte Caesars. Nach der Ermordung Caesars kämpften der General Marc Anton und Octavian, der Adoptivsohn Caesars, um die Macht in Rom. Marc Anton verlor die entscheidende Seeschlacht. Daraufhin begingen er und Kleopatra, die inzwischen seine Gemahlin geworden war, im Jahr 30 v. Chr. Selbstmord. Mit dem Tode Kleopatras hörte das alte Ägypten auf zu bestehen. Es wurde dem Römischen Reich eingegliedert. Im Verlauf der Zeit ging das Wissen von der ägyptischen Sprache und Schrift verloren.

1 *Stelle in einer Zeittafel dar, wann Ägypten zu welchem Reich kam.*
2 *Suche im Atlas die Gegenden, die Strabo nennt.*

Ägypten

❶ **Die Sphinx, eine Sehenswürdigkeit Ägyptens:**
Sie wird nachts für die Touristen aufwändig angestrahlt.

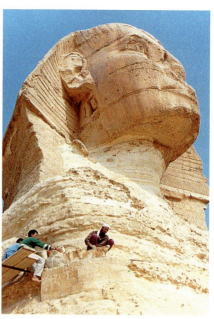

❸ **Ausbesserungsarbeiten an der Sphinx:**
Umwelt-Einflüsse schaden dem Kunstwerk.

Ägypten heute

❷ **Frühjahrsputz in der Cheops-Pyramide**

Kairo, im Januar 2000. Ägyptens Touristen können die Cheops-Pyramide derzeit nur von außen bewundern: Wegen einer gründlichen Putzaktion ist das Grabmal des Pharao Cheops geschlossen worden. In den nächsten acht Monaten sollen im Inneren der Pyramide die zahlreichen Graffiti-Sprüche, die Touristen hinterlassen haben, sowie Risse und Salzablagerungen entfernt werden.

Wenn es nach Sahi Hawass, dem Chefarchäologen der ägyptischen Regierung, ginge, bliebe das Weltwunder auch nach dem Ende der Säuberungsarbeiten für Besucher geschlossen. „Die Pyramiden werden zugrunde gerichtet. Wenn wir uns nicht darum kümmern, werden sie bald am Ende sein", sagte er am Sonntag in einem Interview.

Tourismus im heutigen Ägypten

Die Touristen bringen durch Übernachtungen und Eintrittsgelder viel Geld in das Land. Sie wollen aber auch viel erleben. Auch diejenigen, die nicht irgendwo etwas bekritzeln oder etwas herausbrechen, um es als Erinnerung mitzunehmen, richten an den Sehenswürdigkeiten ungewollt viel Schaden an: Durch ihren Atem und Schweiß und ihre millionenfachen Tritte.

Ein großer Teil des Geldes, das der Staat Ägypten durch den Tourismus verdient, muss daher wieder für Ausbesserungsarbeiten ausgegeben werden.

Deshalb bleibt nur so viel Geld übrig, dass es sich Ägypten nicht leisten kann, auf die Touristen zu verzichten.

❹ *Golfplatz nahe den Pyramiden:*
Der Rasen muss ständig bewässert werden.

❺ *Der Nassersee ist ein Stausee von gigantischen Ausmaßen:*
Er staut den Nil in einer Länge von etwa 480 Kilometern auf.

Der Nil – noch immer Lebensader
Mit dem Bau des Assuan-Hochdammes hat sich vieles verändert. Die alljährliche Überflutung, die Felder und Dörfer erreichte, gibt es nicht mehr.

Das Wasser des Nil fließt heute regelmäßig in der notwendigen Menge. Die Ufergebiete des Nil können ständig mit Wasser versorgt werden und trocknen nie aus. Es sind drei Ernten pro Jahr möglich. Allerdings stieg so auch das Grundwasser und gefährdet die sehr alten Bauwerke.

Die Überflutung sorgte außerdem auch dafür, dass die Felder mit fruchtbarem Schlamm bedeckt wurden. Kehmet, der Schlamm aus den Bergen Afrikas, sinkt heute ungenutzt auf den Grund des Nassersees und fehlt deshalb auf den Feldern. Diese müssen nun mit Kunstdünger gedüngt werden. Da die Felder nicht mehr überschwemmt werden, setzen sich zudem schädliche Salze ab.

1 Diskutiere die Vorteile und Nachteile des Tourismus für Ägypten.
2 Stelle die Vorteile und Nachteile des Assuan-Hochdammes für Ägypten in einer Tabelle einander gegenüber.
3 Viele der frühen Hochkulturen haben sich in trockenen Gebieten an Flüssen entwickelt. Kann es Gründe dafür geben, warum sich diese ersten Hochkulturen gerade dort herausbildeten? Schaue im Atlas nach.

TERRATraining

Ägypten

Wichtige Begriffe
Delta
Grabkammer
Hieroglyphen
Mumie
Mythos
Nil
Pharao
Pyramiden

1 Richtig oder falsch?
Verbessere die falschen Aussagen und schreibe sie richtig auf.
– Hauptsächliches Baumaterial der Pyramiden waren Holz und Lehmziegel.
– Die Ägypter schrieben vor allem auf Papyrus.
– Die bekanntesten Pyramiden findet man bei Gise.
– Das Hochwasser des Nil brachte fruchtbaren Schlamm auf die Felder.
– Dem Pharao gehörte in Ägypten gar nichts.
– Ägypten wurde nie erobert.

2 Ein Lückentext zum Nil
Schreibe den Lückentext ab und setze die angegebenen Wörter an den richtigen Stellen ein.

Der Nil überschwemmte ... das Land. Er brachte nicht nur das ... Wasser, sondern auch ... Schlamm aus den Bergen mit. Dieser Schlamm lagerte sich auf den Feldern ab und machte sie ... .
Wenn die Überschwemmung zu niedrig blieb, mussten die Menschen ... . Kam die Flut zu heftig, überschwemmte sie alles und ... Felder und Häuser.
Die Ägypter teilten das Jahr in ... Jahreszeiten, die Zeit der ... , der ... und der ... .

3 Ergänze die Sätze
– Über Aussaat und Ernte wachten die ... .
– In Ägypten gehörte alles dem ... .
– Die Ägypter glaubten an ein ... .
– Dafür musste eines unversehrt bleiben: ihr ... .
– Um das ewige Leben zu erreichen musste ihr Herz leichter sein als eine ... .
– Ein wichtiger Wirtschaftszweig im heutigen Ägypten ist der ... .
– Es gibt heute immer genügend Wasser. Dafür sorgt der ... .

4 Buchstabenrätsel
Finde die gesuchten Begriffe im Buchstabensalat.
a) Lebensader Ägyptens
b) Die berühmte Pyramide des ... .
c) Schwarze Erde (So bezeichneten die Ägypter ihr Land.)
d) Schutzgott der Pharaonen
e) Vorrichtung zum Wasserschöpfen

A	K	X	L	E	F	U	Q	T	U
P	E	B	I	K	H	G	S	V	M
Q	H	O	N	C	F	O	H	E	E
D	M	R	N	U	R	D	R	I	H
Y	E	C	D	M	S	T	E	U	C
Y	T	A	Q	B	L	D	U	J	S
Z	H	X	P	C	H	E	O	P	S
S	Z	A	W	O	A	Z	K	V	M
N	E	H	Z	Y	L	G	B	R	E
C	T	P	R	B	L	G	N	J	I

5 Ordne richtig zu

Welcher der Namen muss an welchen Stellen des Mythos von Isis und Osiris eingefügt werden.

Osiris

Anubis

Isis

Der Mythos von Isis und Osiris

Seth erschlug seinen Bruder ...
Er fürchtete die Zauberkräfte von ...
Deshalb verteilte er die Leichenteile seines Bruders über ganz Ägypten.
Doch ... fand alle 14 Teile.
... fügte die Teile zusammen und wickelte sie in Binden.
Dabei half ihr ...
... wurde wieder lebendig.
Für die Ägypter erklärte sich hieraus, dass ... Herr des Totenreiches ist.

6 Bilderrätsel

Löse die Bilderrätsel und erkläre die gesuchten Begriffe.

a

Teste dich selbst
mit den Aufgaben 4e und 6c.

b

c

d

e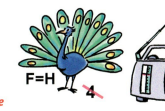

Training

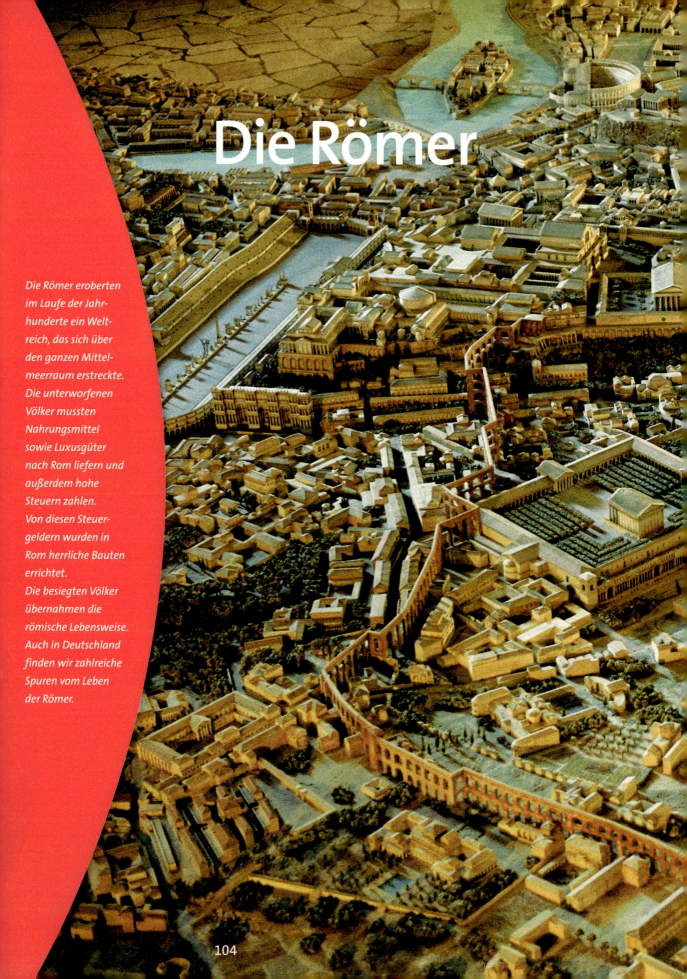

Die Römer

Die Römer eroberten im Laufe der Jahrhunderte ein Weltreich, das sich über den ganzen Mittelmeerraum erstreckte. Die unterworfenen Völker mussten Nahrungsmittel sowie Luxusgüter nach Rom liefern und außerdem hohe Steuern zahlen. Von diesen Steuergeldern wurden in Rom herrliche Bauten errichtet.
Die besiegten Völker übernahmen die römische Lebensweise. Auch in Deutschland finden wir zahlreiche Spuren vom Leben der Römer.

Die Römer

Die Wölfin, das heilige Tier des Kriegsgottes Mars, ist das Wahrzeichen der Stadt Rom. Diese Bronzeplastik wurde um 500 v. Chr. geschaffen und war jahrhundertelang auf dem Kapitol aufgestellt. Sie erinnerte die Römer an die Sage von der Gründung ihrer Stadt. Die Kinder wurden erst im 16. Jahrhundert n. Chr. ergänzt.

❶ Sage von der Gründung Roms

Einst lebte in der Nähe der heutigen Stadt Rom ein König namens Numitor. Sein Bruder jagte ihn jedoch vom Thron und machte sich selbst zum König. Er zwang Numitors Tochter Rhea Silvia Priesterin zu werden. Sie durfte nicht heiraten. Trotzdem bekam Rhea Zwillinge: Romulus und Remus. Der Vater der Zwillinge war der Kriegsgott Mars. Damit aber niemand ihm den Thron streitig machen konnte, ließ der König die Zwillinge in einem Korb aus Schilf auf dem Fluss Tiber aussetzen, in der Hoffnung, dass sie sterben würden. Sie wurden jedoch an anderer Stelle vom Fluss wieder an Land gespült, von einer Wölfin angenommen und von dieser gesäugt. Ein Hirte fand die Zwillinge, nahm sie zu sich in seine Hütte und zog sie groß. Als Jünglinge beschlossen die Zwillinge dort eine Stadt zu gründen, wo die Wölfin sie am Tiber gefunden hatte.
Romulus zog mit dem Ochsenpflug einen Erdwall als Grenze und Schutz um die Stadt. Remus aber spottete, weil der Wall so niedrig war und sprang darüber hinweg. Da erschlug Romulus im Zorn seinen Bruder. „So soll es jedem ergehen, der über meine Wälle springt!" Romulus wurde der erste König der neu gegründeten Stadt. Nach seinem Namen wurde sie Rom genannt.

Von der Stadt zum Weltreich

Nach römischer Überlieferung wurde Rom im Jahr 753 v. Chr. auf sieben Hügeln gegründet. Bodenfunde zeigen jedoch, dass es schon um 1000 v. Chr. auf einigen der Hügel Bauerndörfer gab. Daraus entwickelte sich eine Stadt mit Häusern aus Stein, mit Tempeln für die Götter und Brücken über den Tiber. Die Sümpfe unterhalb der Hügel wurden trockengelegt. So entstanden Flächen, auf denen die Römer einen Versammlungs- und Marktplatz, das „Forum Romanum", anlegten. Die Stadt wurde mit einer Mauer umgeben.

Rom wurde anfangs von einem König regiert. Um 500 v. Chr. verjagten die Römer ihren König. Rom wurde zu einer Republik. Es regierten vor allem die vornehmen Familien, der Adel, dem große Teile des umliegenden Landes gehörten.

Rom erweitert seinen Machtbereich

Um 500 v. Chr. war Rom ein kleiner Stadtstaat. Durch Kriege und Bündnisse gewannen die Römer allmählich die Oberherrschaft über ganz Italien. Mit den meisten besiegten Städten schloss Rom Bündnisse ab. Das bedeutete: Die Bewohner mussten Truppen für die römische Armee stellen. Um 270 v. Chr. beherrschte die römische Republik bereits Italien von der Südküste bis zur Poebene.

Die unterworfenen Völker in der Nachbarschaft Roms wurden römische Bürger. Sie mussten in Roms Heer dienen, hatten allerdings kein Stimmrecht.

Die Römer als Eroberer

Der römische Geschichtsschreiber Sallust berichtet um 60 v. Chr. von dem König Mithridates am Schwarzen Meer, der von den Römern besiegt wurde. Er soll Folgendes gesagt haben:

„Die Römer haben einen einzigen und uralten Grund, mit allen Nationen und Völkern Krieg anzufangen: unermessliche Begierde nach Herrschaft und Reichtum... Nachdem der Ozean ihrer Ausdehnung nach Westen eine Grenze gesetzt hatte, wendeten sie ihre Waffen nach hier. Nichts Menschliches, nichts Göttliches hindert sie daran, Bundesgenossen und Freunde an sich zu ziehen und zu vernichten, und alles, was von ihnen noch nicht versklavt ist, als ihre Feinde anzusehen. Die Römer führen ihre Waffen gegen alle Völker, die schärfsten gegen die, deren Niederlage die meiste Beute einbringt. Durch Mut, Täuschung und dadurch, dass sie Krieg an Krieg reihen, sind sie groß geworden."

1 Zeichne ein Bild zur Sage von Romulus und Remus.

2 Beschreibe die Lage von Rom (Zeichnung 2). Beurteile ihre Vorteile und Nachteile.

3 Wie erklärt Mithridates die Ausdehnung des Römischen Reiches (Quelle 3)?

4 Der Kriegsgott Mars kommt in der Sage und in der Erklärung der Wölfin vor. Warum ist er den Römern so wichtig? Erkläre mithilfe der Worte des Königs Mithridates.

TERRAMethode
Die Römer

Eine Geschichtskarte auswerten

Mit einer Geschichtskarte kann man anschaulich zeigen, welche Gebiete zum Römischen Reich gehörten, als es im Jahr 117 n. Chr. seine größte Ausdehnung hatte. Man kann auf der Karte außerdem darstellen, in welchen Etappen sich das Römische Reich ausbreitete. Dazu färbt der Kartenzeichner die Gebiete, die Rom im Lauf der Jahrhunderte erwarb, mit verschiedenen Farben. In der Legende gibt er dann an, für welche Jahre die Farben gelten. Natürlich sind in der Legende auch alle übrigen wichtigen Zeichen erklärt, so wie ihr es schon von anderen Karten kennt.

Wie hat sich nun also das Römische Reich ausgebreitet? Eine Auswertung in Schritten gibt Antwort.

Eine Geschichtskarte auswerten
1. Schritt: Das Thema, die Zeit und das Gebiet erfassen
Zunächst entnimmst du dem Titel der Karte, welchen Sachverhalt sie darstellt und für welches Jahr oder welchen Zeitabschnitt sie gilt. Anschließend orientierst du dich im Atlas, welches Gebiet abgebildet ist.

Die Karte veranschaulicht die Ausbreitung des Römischen Reiches über Italien hinaus in der Zeit von 272 v. Chr. bis 117 n. Chr. Das gesamte Reichsgebiet umschloss das Mittelmeer und erstreckte sich auf Teile Europas, Vorderasiens und Nordafrikas.

2. Schritt: Sich in der Kartenlegende informieren
Dann entnimmst du der Kartenlegende, welche Bedeutung die Zeichen, Farben, Zahlen und Schriftarten haben. Daraus ergibt sich, welche näheren Informationen die Karte zu ihrem Thema enthält.

Die unterschiedlichen Flächenfarben der Karte zeigen vier Etappen, in die die Ausdehnung des Römischen Reiches ab 272 v. Chr. unterteilt wird. Manche Gebiete gehörten nur für kurze Zeit zum Römischen Reich. Außerdem finden sich Hinweise auf die Grenzen sowie benachbarte Völker und Stämme.

3. Schritt: Die Karte auswerten
Bei der eigentlichen Auswertung fasst du die Informationen der Karte zusammen, etwa in einer mündlichen Beschreibung, einem Text oder in einer Tabelle.
Mitunter können Geschichtskarten mehrere verschiedene Sachverhalte enthalten, man spricht dann von komplexen Karten. Solche Karten muss man gezielt im Hinblick auf die Fragen auswerten, zu denen man etwas wissen will. Hier helfen Aufgabenstellungen bei der Auswertung.

4. Schritt: Weiterführende Fragen stellen
Nach der Auswertung kannst du weiterführende Fragen stellen, die zwar an die Aussagen der Karte anknüpfen, sich aber nur mithilfe anderer Informationsquellen beantworten lassen.

Es fällt auf, dass die Grenze an mehreren Stellen in besonderer Weise gesichert war. Warum gerade dort?

Geschichtskarten stellen die räumlichen Gegebenheiten, in denen geschichtliche Ereignisse und Entwicklungen stattfanden, anschaulicher dar als ein Text. Doch auch solche Karten müssen ausgewertet werden. Wie du dabei vorgehst, lernst du hier.

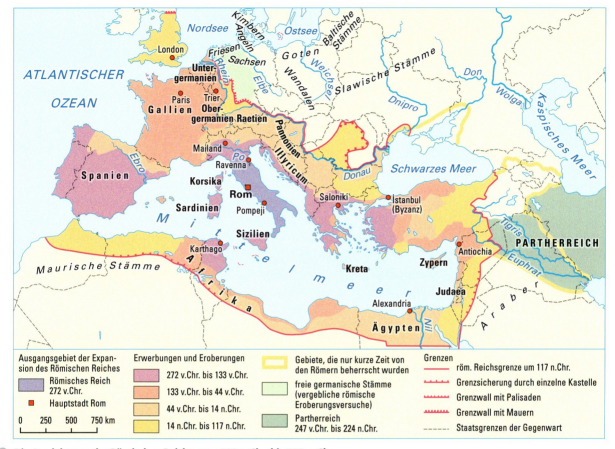

❶ **Die Ausdehnung des Römischen Reiches von 272 v. Chr. bis 117 n. Chr.**

1 Arbeite heraus, in welchen Zeitabschnitten das Römische Reich die Gebiete von heutigen Staaten hinzugewann. Zur Lösung kannst du die politischen Karten deines Atlas heranziehen.
Die Zeitabschnitte trägst du in die linke Spalte, die dazu gehörenden modernen Staaten in die rechte Spalte einer Tabelle ein.

Zeitabschnitt	heutige Länder
bis 272 v. Chr.	Mittel- und Unteritalien
bis 133 v. Chr.	...

Die Römer

Wer regierte die Römer?

Patrizier waren Angehörige der adligen Familien. Sie waren reiche Großgrundbesitzer, besaßen großes Ansehen und viele Vorrechte.

Plebejer nannte man alle Römer, die zwar das römische Bürgerrecht besaßen, aber nicht zu den Patriziern gehörten. Sie waren Bauern, Handwerker, Kaufleute und Tagelöhner.

Ritter waren die Reichen unter den Plebejern. Sie wurden so genannt, weil sie ursprünglich als Reiter Kriegsdienst leisteten. Später konnte jeder Plebejer, der durch Geldgeschäfte, durch Handel oder als Steuereintreiber ein großes Vermögen erworben hatte, in den Ritterstand aufsteigen.

Wir kennen die Sage von der Gründung Roms durch Romulus. Historiker aber geben sich mit der Sage nicht zufrieden, wenn sie nach den Anfängen der Stadt fragen. Sie fanden heraus, dass die Stadt nach ihrer Gründung von einem König beherrscht wurde. Dieser war zugleich Oberbefehlshaber des Heeres und oberster Priester. Er wurde vom **Senat** beraten, einer Versammlung der römischen Adligen. Um 500 v. Chr. lehnten sich die Adligen jedoch auf und vertrieben die Königsfamilie. In teilweise heftigen Auseinandersetzungen entwickelten die Römer eine neue Staatsform: die **Republik**. Dabei waren sie sich in einem Punkt einig: An der Spitze des Staates sollte nie wieder ein König als Alleinherrscher stehen.

Republik
Wie aber wurde der Staat zur Zeit der Republik regiert? Alle Männer, die das römische Bürgerrecht besaßen, kamen zur **Volksversammlung** zusammen. Frauen und Sklaven waren ausgeschlossen. Die Volksversammlung stimmte über Gesetzesvorlagen sowie über Krieg und Frieden ab.
Einmal im Jahr wählte sie eine neue Regierung. Diese bestand aus den beiden **Konsuln** an der Spitze und weiteren Beamten für Rechtsprechung, öffentliche Ordnung, Getreideverteilung und Finanzen. Die Konsuln führten die Beschlüsse des Senats und der Volksversammlung aus. Im Krieg unterstand das Heer ihrem Oberbefehl. Wie alle Regierungsbeamte wurden die Konsuln immer nur für ein Jahr gewählt.

Bei der Wahl waren aber nicht alle gleichberechtigt. Die Patrizier und die Ritter besaßen mehr als die Hälfte aller Stimmen und konnten die übrigen Bürger überstimmen, obwohl diese in der Mehrheit waren. So kam es, dass fast immer Patrizier oder Ritter in die hohen Regierungsämter gewählt wurden.
Als Ausgleich wurde den Plebejern gestattet, auf eigenen Versammlungen so genannte **Volkstribunen** zu wählen. Diese konnten Beschlüsse der Regierung durch Einspruch außer Kraft setzen. Man sagt auch, sie konnten ein Veto einlegen (von lateinisch „veto" = „ich verbiete"). Kein Senator durfte sie in ihrer Amtsausübung behindern oder gar verhaften lassen.
Der Senat bestand hauptsächlich aus den mächtigen Patriziern und hatte die größte politische Macht. Seine Mitglieder, die **Senatoren**, bereiteten die Gesetzesvorlagen vor und berieten die Konsuln. Kein Konsul konnte es wagen, gegen den Rat des Senats zu entscheiden.

Konsul auf Lebenszeit
Als das Römische Reich immer größer wurde, wuchs auch die Macht der erfolgreichen Heerführer. Sie bekämpften sich allerdings gegenseitig, denn jeder wollte der mächtigste Mann im Staat sein.
Einer von ihnen war Gaius Julius Caesar. Er ließ sich von der Mehrheit der Senatoren auf Lebenszeit an die Spitze des Staates stellen. Einige fürchteten jedoch, Caesar werde sich zum König ausrufen lassen und ermordeten ihn.

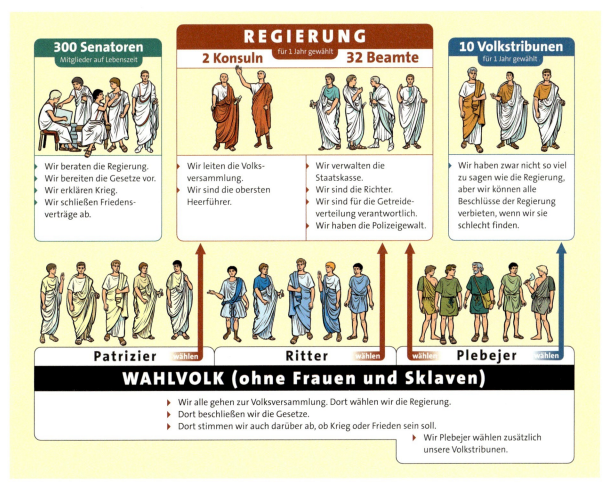

① *Wie die römische Republik um 300 v. Chr. regiert wurde*

Kaisertum

Aber einige Jahre später errichtete Caesars Adoptivsohn Octavian die Alleinherrschaft. Er nahm allerdings nicht den alten Titel „König" an, sondern den neuen Titel „Kaiser". Das Römische Reich blieb bis zu seiner Auflösung ein Kaiserreich.

1 Erläutere mithilfe des Schaubildes 1, wie die römische Republik regiert wurde.
2 Überlege, ob die Wahl der Regierungsbeamten für nur ein Jahr günstig oder ungünstig war.
3 Nenne den Hauptunterschied zwischen Republik und Kaisertum.

Kaum zu glauben
Die beiden Herrschertitel „Kaiser" und „Zar" sind von „Caesar" abgeleitet.

111

Die Römer

① „Ganz Gallien ist von den Römern besetzt ..."

Caesar und Augustus

Gaius Julius Caesar (100–44 v. Chr.)
In den Jahren 58–51 v. Chr. wurde tatsächlich ganz Gallien besiegt und zu einer römischen **Provinz** gemacht. Provinzen waren besiegte Gebiete, die Abgaben an Rom leisten mussten und von einem Statthalter aus Rom regiert wurden. Die Provinz Gallien umfasste das heutige Frankreich, Belgien und die Schweiz. Der Eroberer war Gaius Julius Caesar. Mit seinen Soldaten besiegte er die Helvetier im Gebiet der heutigen Schweiz, die Kelten im heutigen Frankreich und er besetzte schließlich das von Germanen bewohnte Land links des Rheins.

Die meiste Beute schickte er nach Rom. Durch Bestechungsgeschenke schuf er sich Freunde bei einflussreichen Adelsfamilien und beim Senat.

Als strahlender Sieger kehrte er 49 v. Chr. nach Rom zurück. Er ließ sich vom Senat als Diktator auf Lebenszeit an die Spitze des Staates stellen. Einige Senatoren aber fürchteten, er werde sich eines Tages zum König erheben. Daher ermordeten sie ihn im Jahr 44 v. Chr. während einer Rede im Senat durch Dolchstöße.

„Ganz Gallien ist von den Römern besetzt ... Ganz Gallien? Nein! Ein von unbeugsamen Galliern bevölkertes Dorf hört nicht auf, dem Eindringling Widerstand zu leisten ..."
So stellen es sich die Verfasser des Comics über den gallischen Helden Asterix vor. Asterix gehört zu den Bewohnern dieses letzten Dorfes, das im Jahre 50 v. Chr. noch nicht von Caesars Armee erobert worden ist. Dank eines Zaubertrankes verfügen die Dorfbewohner über unglaubliche Kräfte und können so jeden Angriff zurückschlagen. Bester Freund von Asterix ist Obelix, der als Kind in den Kessel mit dem Zaubertrank gefallen ist. Seither macht vor allem er den römischen Legionären das Leben schwer.

Augustus (63 v. Chr. – 14 n. Chr.)

Caesar hatte in seinem Testament seinen gerade 19 Jahre alten Neffen Octavian adoptiert und zum Erben bestimmt. Es dauerte aber noch 17 Jahre, bis er tatsächlich an der Spitze des Staates stand.

Zunächst rächte Octavian im Bündnis mit Caesars Unterfeldherren Marcus Antonius und Lepidus die Ermordung seines Onkels, indem er die Verschwörer besiegte. Die Sieger teilten die Herrschaft im Reich unter sich auf. Octavian erhielt den Westen mit Rom und Italien. Antonius erhielt den Osten mit Ägypten. Dort lebte er als Gemahl der Pharaonin Kleopatra wie ein König. Lepidus wurde nach Afrika abgeschoben. Octavian ließ sich vom Senat umfassende Vollmachten geben und erklärte Antonius und Kleopatra den Krieg. In der Seeschlacht bei Actium vor der westgriechischen Küste siegte die römische Flotte. Octavian verfolgte Antonius und Kleopatra bis Ägypten. Beide gaben sich selbst den Tod.

Jetzt war Octavian alleiniger Herr im Römischen Reich. Er dachte jedoch an das Schicksal Caesars und an die Abneigung der Römer gegen das Königtum. Daher gab er alle besonderen Vollmachten dem Senat zurück. Im Gegenzug verlieh ihm der Senat den Titel „Imperator", das bedeutet „oberster Befehlshaber", und den Beinamen „Augustus", der „Ehrwürdige". Daneben führte Octavian den Namen seines Adoptivvaters „Caesar". Sein voller Titel war daher „Imperator Caesar Augustus".

Auch die nachfolgenden Herrscher legten sich den Beinamen „Caesar" zu.

Augustus eroberte noch einige Gebiete, aber in erster Linie wollte er das Weltreich sichern. Die Zeit des Augustus wurde von der Bevölkerung des Reiches als Zeit der inneren Ruhe und Ordnung empfunden. Das wirtschaftliche Leben blühte auf. Der zunehmende Wohlstand zeigte sich vor allem in der prachtvollen Ausgestaltung der Hauptstadt.

1 *Zwei Gebirge, zwei Meere und ein Fluss begrenzen Gallien. Nenne sie mithilfe von Karte 1 und Atlas.*

2 *Suche die Provinzen und Völker, die Augustus in seinem Tatenbericht nennt, auf der Karte des Römischen Reichs (Seite 109).*

3 *Vergleiche die Zusätze zum Geburtsjahr und zum Todesjahr des Augustus. Erkläre.*

4 *Berechne das Alter des Augustus.*

❷ Tatenbericht des Augustus

Augustus ließ an verschiedenen Orten im Römischen Reich einen Bericht über seine Taten aufstellen:

„Das Meer habe ich von Seeräubern befriedet.
Die Provinzen Gallien, Spanien, Afrika, Sizilien, Sardinien haben mir den Treueid geschworen.
Meine Flotte ist von der Rheinmündung durch das Meer bis zum Gebiet der Kimbern gefahren.
Die Stämme der Pannonier besiegte ich und unterwarf sie der Befehlsgewalt des römischen Volkes und erweiterte damit das Gebiet von Illyricum bis an das Ufer der Donau."

Kaum zu glauben

In unserem Kalender erinnern die Monate Juli und August an die beiden berühmten Römer. Caesar führte eine Kalenderreform durch. Der Monat „Juli" wurde nach ihm selbst benannt. Der folgende Monat wurde nach Augustus benannt und erhielt ebenfalls 31 Tage, damit Augustus nicht hinter Caesar zurückstehen musste.

Die Römer

- ▢ Servianische Mauer (Stadtmauer und Tore zur Zeit der Republik, seit 378 v. Chr.)
- ▢ Aurelianische Mauer (Stadtmauer und Tore der Kaiserzeit, seit 271 n. Chr.)
- Wasserleitung (Aquädukt)
- **Palatin** Haupthügel Roms

1. Nerothermen
2. Pantheon
3. Agrippathermen
4. Pompejustheater
5. Balbustheater
6. Marcellustheater
7. Trajantempel
8. Trajanplatz
9. Augustusplatz
10. Cäsarplatz
11. Friedensplatz
12. Venus- und Romatempel
13. Amphitheater der Flavier (Kolosseum)
14. Kaiserpaläste
15. Caesartempel
16. Circus Maximus

0   500   1000 m

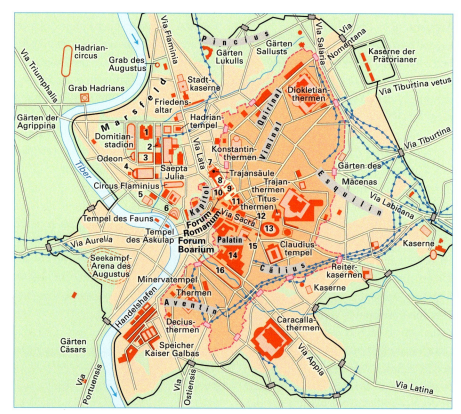

① *Rom im 4. Jahrhundert n. Chr*

Rom – Ewige Stadt

Augustus zählt in seinem Tatenbericht nicht nur die Eroberungen auf, sondern auch zahlreiche Bauten, die er in Rom errichten ließ: Tempel, Theater, Wasserleitungen, Straßenzüge, Brücken und Denkmäler. Er rühmt sich, er habe ein Rom aus Backsteinen vorgefunden und eines aus Marmor hinterlassen. Die Kaiser, die ihm nachfolgten, bauten Rom weiter zur prächtigen Hauptstadt ihres Weltreiches aus.

Ein Blick auf Rom

Nach Überresten und Berichten kann man eine Karte von Rom erstellen, wie es im 4. Jahrhundert n. Chr. bestand. Mittelpunkt war schon immer der alte Versammlungsplatz, das **Forum Romanum**. Hier fanden alle wichtigen öffentlichen Verhandlungen, Wahlen und religiösen Veranstaltungen statt.

Durch das Forum zogen die siegreichen Feldherren auf der heiligen Straße, der Via Sacra, vorbei an der riesigen Anlage der Kaiserpaläste auf dem Palatinhügel. Im Triumph wurden sie auf den Kapitolhügel geleitet. Dort standen die Tempel der höchsten Götter – des Jupiter und seiner Gemahlin Juno.

Vom Kapitol geht der Blick auf den Tiber, der nach wenigen Kilometern ins Meer mündet. Für die Versorgung mit Nahrungsmitteln und Handelsgütern war der Fluss der wichtigste Verkehrsweg.

Blick auf das Kolosseum heute

Aus der Menge der Häuser ragen die großen Bauten hervor, die der Großstadtbevölkerung Unterhaltung boten: Nahe der Tiberinsel liegt das Theater Marcellus, in dem ernste und lustige Schauspiele aufgeführt wurden. Sehr auffällig ist der riesige Circus Maximus, in dem hauptsächlich Wagenrennen veranstaltet wurden. Er war etwa 750 m lang, 250 m breit und bot 250 000 Zuschauern Platz.

Fast immer überfüllt war das Kolosseum, ein Rundbau, fast 60 m hoch, mit 45 000 Sitzplätzen. In der Mitte befand sich eine Arena. Hier wurden blutige Kämpfe zwischen Menschen und Tieren ausgetragen. Gladiatoren mussten auf Leben und Tod gegeneinander kämpfen.

Hinter dem Kolosseum lag eine riesige Badelandschaft, die Thermen des Kaisers Trajan. Die Kaiser bauten Thermen als Treffpunkte zur Unterhaltung der römischen Bevölkerung. Es gab Dampfbäder, kalte und warme Schwimm- und Wannenbäder und Heizungen in Fußboden und Wänden. Die öffentlichen Bäder boten mehreren tausend Menschen Platz. Zur Ausstattung gehörten auch Sportplätze, Gymnastikhallen, Büchereien und Museen. Außerdem waren in den Säulenhallen kleine Läden eingerichtet, in denen man einkaufen konnte. Alles zusammen bildete ein großes Freizeitzentrum.

Vor allem im rechten Kartenteil erkennt man lange Wasserleitungen. Sie lieferten den Thermen das Badewasser und versorgten die Menschen mit Trinkwasser. Solche Wasserleitungen, **Aquädukte**, bauten die Römer überall, wo sie Städte gründeten.

1 a) Schreibe alle besonderen Einrichtungen heraus, die in der Stadtbeschreibung genannt werden.
b) Überlege zu jeder, ob es heute eine entsprechende Einrichtung gibt.

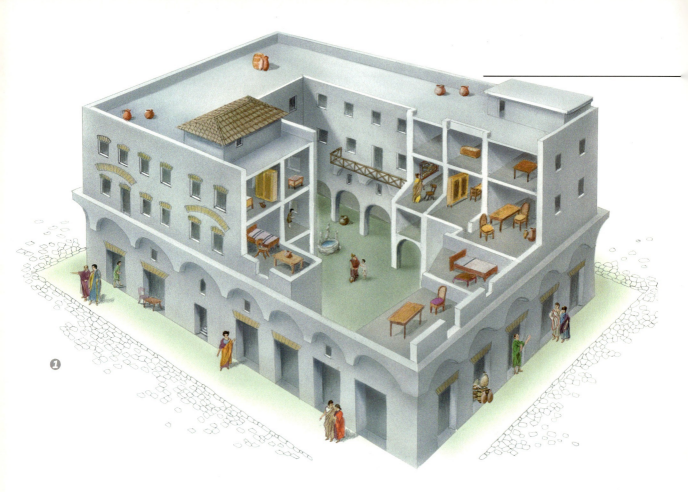

Mietshaus oder Villa?

Kaum zu glauben
Während seiner Blütezeit im 2. Jahrhundert n. Chr. hatte Rom etwa 700 000 Einwohner.

Wohnen im Mietshaus

Nur wenige Einwohner Roms konnten es sich leisten in einem Einfamilienhaus zu wohnen. Die meisten wohnten in Mietshäusern, die drei bis sieben Stockwerke hoch waren. Bis zu 400 Menschen lebten hier unter einem Dach. Wenn der Platz nicht reichte, wurde einfach ein Stockwerk oben aufgebaut.

Im Erdgeschoss waren Läden und Werkstätten untergebracht. Häufig wurde eine Zwischendecke eingezogen, sodass zusätzlich niedrige, dunkle Räume entstanden, die dem Ladeninhaber und seiner Familie oder den Arbeitern als Schlafstätten dienten.

Heizung und Toiletten gab es in den Mietshäusern nicht. Den Nachttopf leerte man aus dem Fenster oder man schüttete seinen Inhalt in große Bottiche, die im Treppenhaus aufgestellt waren.

Das Wohnen in den Mietshäusern war wegen ständiger Feuergefahr gefährlich. Die oberen Stockwerke waren zum großen Teil aus Holz gebaut. Obendrein wurde zum Kochen, Beleuchten und Heizen nur offenes Feuer verwendet. Da die Häuser außerdem Wand an Wand gebaut waren und in engen Gassen standen, kam es fast täglich irgendwo in Rom zu einer Feuersbrunst. Der berühmteste und vielleicht schlimmste Brand wütete im Jahr 64 n. Chr. sechs Tage und sieben Nächte lang.

Eine weitere Gefahr war, dass jederzeit das Haus zusammenstürzen konnte.

Oft hatten die hohen Häuser zu schwache Fundamente und zu dünne Wände, weil der Bauherr am Material gespart hatte.

Die Kaiser versuchten mit Bauvorschriften den Gefahren zu begegnen, aber gegen eine ganz andere Gefahr waren sie machtlos: Weil sehr viele Menschen auf so engem Raum zusammenlebten, breiteten sich ansteckende Krankheiten rasch aus und brachten viele Menschen um.

Wohnen im Einzelhaus

Ganz anders war das Leben in den Einzelhäusern, den Villen. Diese Häuser hatten nur zwei Geschosse. Die Häuser bestanden aus zwei Teilen. In dem einen Teil waren die Räume um einen Innenhof mit Regenbecken, im anderen um einen Innenhof mit Garten angeordnet. Zwischen den Innenhöfen lag die Empfangshalle. Im vorderen Teil befanden sich Geschäftsräume und Zimmer für das Personal, in den hinteren Räumen spielte sich das Privatleben ab. In den Villen gab es fließendes Wasser, Bäder und Toiletten.

Um 350 n. Chr. gab es in Rom etwa 40 000 Miethäuser und nur etwa 1 600 Stadtvillen.

1 Arbeitet mit Zeichnungen und Text:
a) Beschreibt das Leben im Miethaus.
b) Beschreibt das Leben in der Villa.

2 a) Ein Mädchen aus einem Miethaus besucht seine neue Freundin in der Villa und wundert sich über einiges. Schreibe einen Dialog.
b) Ein Junge aus einer Villa besucht seinen neuen Freund im Miethaus. Schreibe einen Dialog.

TERRAMethode
Die Römer

Textquellen auswerten

Die ersten Christen

Während der Regierungszeit des Kaisers Augustus (27 v. Chr. – 14 n. Chr.) wurde in der römischen Provinz Judäa Jesus geboren. Mit 30 Jahren begann dieser durch Palästina zu ziehen und zu predigen. Unter dem Statthalter Pontius Pilatus wurde Jesus gekreuzigt. Nach seinem Tod wurde er von seinen Anhängern als Messias und Sohn Gottes verehrt. Von Jerusalem aus wurde der christliche Glaube im Römischen Reich verbreitet.

Die Christen waren zunächst nur eine kleine Minderheit. Zwar unternahmen sie nichts gegen den Staat, aber sie weigerten sich, den Kaiser als Gott anzuerkennen. Das führte zu der Verdächtigung: „Wer die göttliche Verehrung des Kaisers ablehnt, ist sicherlich ein Feind des Römischen Reiches." Daher wurden sie unterdrückt und oft grausam verfolgt. Um ungestört Gottesdienste abhalten zu können, trafen sie sich in den Katakomben, den unterirdischen Begräbnisstätten Roms. Aber auch hier wurden sie von römischen Soldaten aufgegriffen und zum Verhör geschleppt. Viele von ihnen wurden zum Tode verurteilt.

Wie erging es den Christen im Römischen Reich in der folgenden Zeit? Die Textquelle „Erlass des Kaisers Konstantin" gibt darüber Auskunft.

❶ **Erlass des Kaisers Konstantin, Mailand 313**

„In der Erkenntnis, dass die Religionsfreiheit nicht verwehrt werden dürfe, dass
5 es vielmehr einem jedem gemäß seiner Gesinnung und seinem Willen gestattet sein solle, nach eigener Wahl sich religiös zu betätigen, haben wir eine Verordnung beschlossen, die sich auf die Achtung und
10 Ehrung des Göttlichen bezieht, um den Christen und allen Menschen freie Wahl ihrer Religion zu geben. Es geschah dies in der Absicht, dass jede Gottheit und jede himmlische Macht, die es je gibt, uns
15 und allen, die unter unserer Herrschaft leben, gnädig sein möge. Wir haben also beschlossen, dass keinem Menschen die Freiheit genommen werden solle, Brauch und Kult der Christen zu befolgen…"
(Geschichte in Quellen, Band 1, S. 741, bearbeitet)

Eine Textquelle auswerten
1. Schritt: Zusammenhang der Textquelle und die Fragestellung beachten
Mach dir klar, in welchem geschichtlichen Zusammenhang die Textquelle steht und unter welcher Fragestellung sie ausgewertet werden soll.

Der Erlass des Kaisers Konstantin von 313 steht hier im Zusammenhang „Christentum und Römisches Reich". Zuerst wird dargestellt, wie das Christentum entstand und die Christen zunächst verfolgt wurden. Die Fragestellung lautet, wie es den Christen in der folgenden Zeit im Römischen Reich erging.

Schriftliche Quellen sind Texte, die in der Vergangenheit entstanden sind und die uns heute noch im Original oder als Abschrift vorliegen. Der Historiker wertet Textquellen aus, um etwas über die Vergangenheit zu erfahren.

Die in Schulbüchern abgedruckten Textquellen sind bereits ins Deutsche übersetzt und in der Regel kurze Auszüge aus längeren Texten. Aus diesen Textquellen kannst du interessante Erkenntnisse gewinnen, wenn du bei der Auswertung richtig vorgehst.

2. Schritt: Genaues Lesen und Markieren
Lies den Text aufmerksam im Hinblick auf die Fragestellung durch. Unterstreiche dabei die Stellen, die dir wichtig erscheinen. Das können einzelne Wörter, aber auch ganze Sätze sein.

3. Schritt: Unbekanntes klären
Kläre die Bedeutung von unbekannten Begriffen. Ziehe dazu Informationen aus diesem Schulbuch, auch aus dem Anhang, und Hilfsmittel wie Lexikon, Atlas oder Wörterbuch heran.

Zum Beispiel: Was bedeuten die Begriffe „Brauch" und „Kult", wo liegen die Unterschiede?

> **Kult**, der; Verehrung; Form der Religionsausübung
> (Quelle: Fremdwörterbuch)

4. Schritt: Aussagen notieren
Notiere Aussagen, die zur Beantwortung der Frage beitragen. Finde die Zusammenhänge zwischen den einzelnen Aussagen heraus.

Religionsfreiheit wird zukünftig allen gewährt, auch den Christen. Jeder darf Christ werden, die christlichen Feste feiern und am Gottesdienst teilnehmen.

5. Schritt: Lösung formulieren
Formuliere nun die Lösung – mündlich oder schriftlich – im Zusammenhang.

Wie es weiterging

Der Auszug aus dem Erlass verrät uns nicht, wie Konstantin zu seinem Beschluss kam. Er informiert auch nicht darüber, was danach aus den Christen im Römischen Reich wurde. Beides sei hier kurz erzählt:

In der Lebensbeschreibung von Konstantin wird berichtet, dass er im Jahr 312 vor einer entscheidenden Schlacht über der Sonne ein Kreuz wahrgenommen habe mit der Inschrift: „In diesem Zeichen wirst du siegen!" Daraufhin habe er seinen Soldaten befohlen, das Kreuz in die Schilde und Helme zu ritzen. Die Soldaten Konstantins errangen den Sieg.

Knapp 80 Jahre nach dem Mailänder Erlass erklärte Kaiser Theodosius I. das Christentum zur Staatsreligion und verbot alle anderen Religionen.

Römische Händler, Handwerker und Soldaten, die Christen geworden waren, brachten die christliche Lehre auch in die nördlichen Provinzen. Von dort wurde die christliche Religion zu den Germanen gebracht.

Die Römer

Sklaven

Sklaven und Sklavinnen waren im Römischen Reich Eigentum ihres Herrn ohne persönliche Rechte. Sklaven konnten zwar freigelassen werden, aber erst ihre Kinder erhielten das volle Bürgerrecht.

Woher kamen die Sklaven?
Das Wort „Sklave" wanderte aus dem Griechischen über das Lateinische ins Deutsche. Es bedeutete ursprünglich „kriegsgefangener Slawe". Die Slawen sind ein Volk in Osteuropa. Die Erklärung ist ein guter Hinweis darauf, wie jemand Sklave wurde. Wenn die Römer ein Gebiet erobert hatten, verschleppten sie die gefangenen Männer und oft auch Frauen und Kinder nach Italien. Sie wurden auf Sklavenmärkten verkauft. Auf Stirn und Armen wurde ihnen das Zeichen ihres Herrn eingebrannt.

Wie viele Sklaven gab es?
In der Hauptstadt Rom lebten ungefähr 300 000, im gesamten Weltreich der Römer etwa 25 Millionen Menschen als Sklaven. Das war etwa die Hälfte der Bevölkerung. Nach Caesars Sieg in Gallien wurden z. B. 400 000 Gallier versklavt.

Wo arbeiteten die Sklaven?
Ein Teil der Sklaven arbeitete in Privathaushalten reicher Römer. Sie dienten ihren Herren im Haus z. B. als Gärtner, Friseure, Türöffner, Küchengehilfen, Lehrer, Einkäufer oder Unterhalter. Ihnen erging es oft besser als denjenigen, die zu tausenden auf den großen Landgütern arbeiteten. Dort trieben strenge Aufseher sie zur Arbeit an. Die Arbeit dauerte von Sonnenaufgang bis Sonnenuntergang. Ruhe- und Feiertage gab es nicht.

❷ Sklavenschicksal

Der griechische Geschichtsschreiber Diodor von Sizilien berichtet über das Los von Sklaven in der Provinz Spanien:

„Die Sklaven, die im Bergbau beschäftigt sind, bringen ihren Besitzern unglaubliche Einkünfte; sie selbst aber müssen unterirdisch graben, bei Tage wie bei Nacht, gehen körperlich zugrunde, und viele sterben infolge der übermäßigen Anstrengung; denn Erholung oder Pausen bei der Arbeit gibt es nicht. Aufseher zwingen sie mit Schlägen, die furchtbaren Leiden zu ertragen, bis sie elend ihr Leben aushauchen. Wenige nur, die Körperkraft und seelische Widerstandsfähigkeit haben, halten durch – und verlängern damit nur ihre Qual. Denn erstrebenswerter als ihr Elend wäre für sie der Tod wegen der Größe ihres Elends."

❸ Aus einem Brief des Philosophen Seneca

„Zu meiner Freude erfuhr ich, dass du freundlich mit deinen Sklaven umgehst. Das entspricht deiner Einsicht und deiner Bildung.

,Es sind nur Sklaven' – Nein, vielmehr Menschen.

,Es sind nur Sklaven' – Nein, vielmehr Hausgenossen.

,Es sind nur Sklaven' – Nein, vielmehr Freunde geringeren Ranges.

Ich lache über Leute, die es für eine Schande halten, zusammen mit ihren Sklaven zu essen. Während ihr Herr mehr isst, als sein Bauch fassen kann, dürfen die unglücklichen Sklaven nicht einmal zum Sprechen ihre Lippen bewegen. Bedenke, dass der Mensch, den du deinen Sklaven nennst, den gleichen Ursprung hat wie du, dass sich über ihm der gleiche Himmel wölbt, dass ihm das gleiche Leben, der gleiche Tod beschieden ist."

Sklavenaufstände

Immer wieder kam es zu Aufständen der Unterdrückten. Einer der blutigsten und längsten war der Aufstand in Sizilien um 150 v. Chr. Die Sklaven erschlugen viele Großgrundbesitzer und deren Familien, zündeten die Häuser der Herren an und verwüsteten die Felder. Erst nach mehreren Jahren konnte die Regierung den Aufstand niederschlagen.

Im Jahr 73 v. Chr. brach ein Aufstand unter dem Fechtersklaven Spartakus aus. Römische Legionen schlugen das Sklavenheer am Fuße des Vesuvs, 6 000 Gefangene wurden grausam „gekreuzigt", das bedeutet lebendig an ein Holzkreuz geschlagen.

1 *Lies in Diodors Geschichtswerk nach (Textquelle 2): Wo arbeiten die Sklaven und was müssen sie dort ertragen?*

2 *Es gab im Römischen Reich ganz unterschiedliche Auffassungen über die Sklaverei. Der römische Philosoph Seneca hat in einem Brief seine Meinung mitgeteilt (Textquelle 3):*

a) Überprüfe, ob nach Senecas Meinung Unterschiede zwischen Herren und ihren Sklaven bestehen.

b) Stimmst du Seneca zu? Begründe deine Meinung.

Die Römer

① *Am obergermanischen Limes*

Die Römer begrenzen ihre Herrschaft

② **Legionär und Ausrüstung**
1 Helm; 2 Wurfspeer; 3 Kettenpanzer; 4 Schild; 5 Kurzschwert; 6 Holzpfähle für den Lagerwall; 7 Spitzhacke; 8 Spaten; 9 Korb für Erdarbeiten; 10 Bronzekessel; 11 Bronzepfanne; 12 Sichel zum Schneiden von Getreide

Augustus wollte ein Römisches Reich schaffen, das durch natürliche Grenzen gesichert sein sollte. Bis zu seinem Tode hatte er dieses Ziel erreicht.

Seine Nachfolger beschränkten sich zumeist darauf, die Grenzen zu halten und noch sicherer zu machen. Der Rhein und die Donau bildeten lange Zeit die natürliche Grenze zwischen den Römern und den Germanen. Am Rhein bei Basel ragte das germanische Siedlungsgebiet weit in das Römerreich hinein. Die Germanen machten durch wiederholte Überfälle diese Grenze für die römischen Truppen sehr unsicher. Außerdem war die Grenze sehr lang.

Deshalb besetzten römische Truppen Teile des Landes zwischen Rhein und Donau. Sie verbanden die Flüsse durch einen Grenzwall, der **Limes** genannt wurde. Westlich dieser Linie lag das „römische Germanien", der Teil Deutschlands, der für Jahrhunderte zum Römerreich gehörte. Anfangs war der Limes

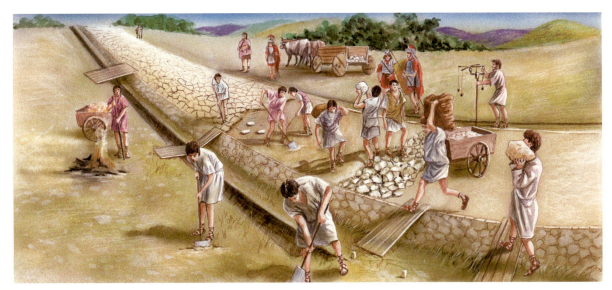

❸ *Soldaten beim Straßenbau*

eine einfache Grenzstraße, an der alle 500 m ein Wachturm aus Holz stand. Wenn sich germanische Krieger näherten, gaben die Wachposten Rauchzeichen zu den anderen Wachtürmen. Von den Türmen aus wurden auch die Soldaten in den nahe gelegenen größeren Lagern, den **Kastellen** alarmiert. Im Laufe eines Jahrhunderts wurde der Limes dann voll ausgebaut.

Straßenbau

Nachdem die Grenze befestigt und die Kastelle errichtet worden waren, gab es fast 200 Jahre nur noch wenige Kämpfe zwischen römischen Soldaten und Germanen. So wurden die Soldaten zum Straßenbau eingesetzt.

Nur durch die gut ausgebauten Straßen konnten die Römer ihr Reich sichern. Berittene Boten konnten dem Kaiser über die militärische Lage an den Grenzen berichten und mit seinen Befehlen zur Truppe zurückkehren. Die Truppen konnten auf den Straßen schnell verlegt werden. Sie legten bis zu 50 km am Tag zurück. Händler brachten in kürzester Zeit Handwerkserzeugnisse und Nahrungsmittel in die entferntesten Gegenden.

Das Römische Reich hatte zur Zeit seiner größten Ausdehnung etwa 80 000 km Fernstraßen.

❹ *Originalpfähle im Limesmuseum in Aalen*

1 a) Nenne die Vorteile, die der Limes den Römern bringt.
  b) Finde heraus, weshalb die Palisaden Einkerbungen haben (Foto 4). Betrachte dazu Zeichnung 1.

2 Beschreibe den Bau einer Straße (Zeichnung 3).

3 Schreibe auf, wozu der Legionär die einzelnen Teile seiner Ausrüstung braucht.

4 Römische Soldaten murren, weil sie am Limes arbeiten sollen. Lass den Kommandanten eine Rede halten, in der er erklärt, warum die Arbeiten notwendig sind.

Die Römer

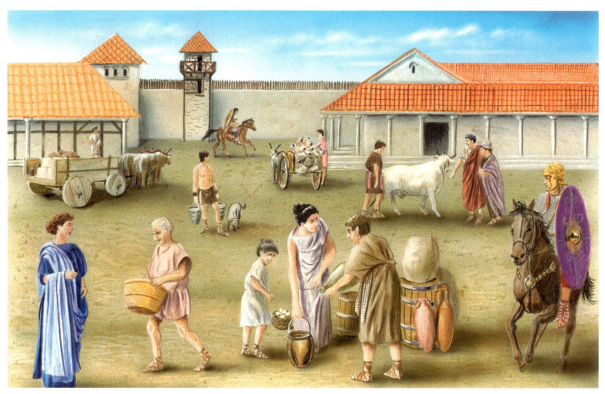

① **Markt am Limes**

Römer und Germanen in Baden-Württemberg

Römisches Leben im Schutz des Limes
In der Mitte des 2. Jahrhunderts wurde der Limes dauerhaft befestigt. Damit war das Römische Reich für etwa hundert Jahre gegen Germaneneinfälle geschützt. Römisches Leben konnte sich entwickeln.
Die römischen Soldaten, die den Limes zu überwachen hatten, waren in Militärlagern untergebracht. Kleinere Militärlager wurden nahe am Limes errichtet, die größeren Kastelle lagen etwas weiter im Hinterland. Militärlager und Kastelle gab es auch an den großen Flüssen, die eine natürliche Grenze zu Germanien bildeten. In ihrer Nähe siedelten sich Soldaten nach dem Ende ihrer Dienstzeit an, aber auch Händler und Handwerker. Die Namen vieler Ortschaften am Limes erinnern noch heute daran, dass sie von Römern gegründet wurden.

Am Limes begegnen sich Römer und Germanen
An verschiedenen Stellen des Limes gab es Grenzübergänge, z. B. in der Nähe von Jagsthausen und von Aalen. In Friedenszeiten wurden am Limes und in den römischen Legionsstädten regelmäßig Märkte abgehalten. Die Germanen verkauften Vieh, Pelze, Honig, Bier und Bernstein. Von den Römern kauften sie Werkzeuge und Geräte aus Metall, Gefäße aus Ton und Glas, Stoff, Wein, Öllampen sowie Schmuck.

② Die Römer in Baden-Württemberg

Da die Römer eine höher entwickelte Zivilisation hatten, lernten die Germanen bei ihnen viel Neues kennen: Häuser aus Ziegeln, warme Bäder, Ackergeräte, aber auch neue Pflanzen wie Wein, Kohl, Pfirsiche, Kirschen und Rettich. Mit den neuen Sachen und Pflanzen übernahmen sie meist auch deren Bezeichnungen. Dabei passten sie die lateinischen Wörter so weit dem Deutschen an, dass wir heute die lateinische Herkunft vieler Wörter gar nicht mehr empfinden.

1 Arbeite mit der Karte 2:
  a) Nenne römische Einrichtungen in der Gegend, in der du wohnst.
  b) Suche Städte heraus, deren lateinische und deutsche Namen ähnlich sind.
2 Plant in der Klasse den Besuch eines Römermuseums.

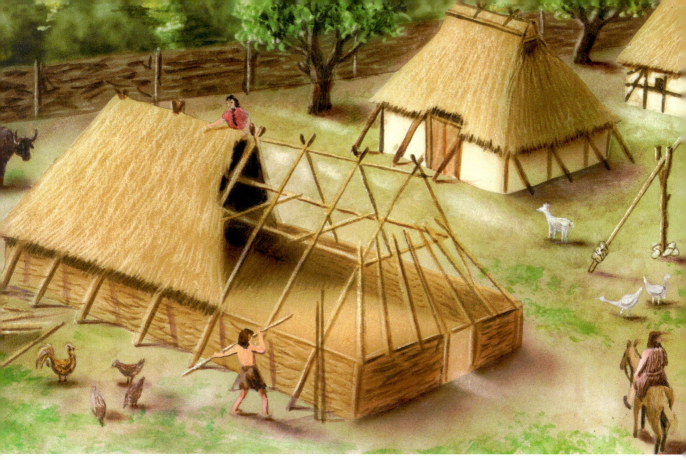

❶ *Germanisches Dorf*

❷ *Germanische Kleidung*

Die Germanen

Germanien war von endlosen und unzugänglichen Wäldern bedeckt. Die Bewohner benachbarter Flächen bildeten einen Stamm. Zu einem Stamm gehörten höchstens 20 000 Menschen. Ein germanischer Stamm hatte keine feste und dauerhafte Ordnung. Über Krieg und Frieden entschied die Versammlung der waffenfähigen Männer. Sie wurde von Adligen geleitet. Die Adligen scharten eine Gefolgschaft um sich. Junge Adlige schworen dem Gefolgsherrn Beistand und erwarteten dafür reiche Belohnung. Das zwang die Adligen ständig zu Beutezügen – auch gegen römisches Gebiet.

❸ Tacitus über die Germanen

„Die äußere Erscheinung ist bei allen dieselbe: wild blickende blaue Augen, rötliches Haar. Das Land zeigt zwar im einzelnen einige Unterschiede, doch im Ganzen macht es mit seinen Wäldern einen schaurigen, mit seinen Sümpfen einen widerwärtigen Eindruck. Getreide gedeiht, Obst hingegen nicht. Vieh gibt es reichlich. Die Menge an Vieh macht den Leuten Freude, und die Herden sind ihr einziger und liebster Besitz.

Dass die Völkerschaften der Germanen keine Städte bewohnen ist hinreichend bekannt. Sie hausen einzeln und gesondert, gerade wie ein Quell, eine Fläche, ein Gehölz ihnen zusagt. Ihre Dörfer legen sie nicht in unserer Weise an, dass die Gebäude verbunden sind und aneinander stoßen: Jeder umgibt sein Haus mit freiem Raum. Nicht einmal Bruchsteine oder Ziegel sind bei ihnen in Gebrauch; zu allem verwenden sie unbehauenes Holz, ohne auf ein gefälliges oder freundliches Aussehen zu achten.

Als Getränk dient ein Saft aus Gerste oder Weizen, der durch Gärung eine gewisse Ähnlichkeit mit Wein erhält..."

Die Germanen haben außer ein paar Inschriften nichts Schriftliches hinterlassen. Viele Kenntnisse, die wir von ihrer Lebensweise haben, verdanken wir der Archäologie und den Berichten von römischen Schriftstellern. Am meisten wissen wir von Tacitus, der etwa von 55 bis 115 n. Chr. lebte.

1 Beschreibe die Anlage des germanischen Dorfes und die Tätigkeiten seiner Bewohner (Zeichnung 1).
2 Welche der Aussagen des Tacitus erläutern die Zeichnung, was erfahren wir Neues von ihm?
3 Vergleiche in einer Tabelle, wie die Römer lebten und wie die Germanen lebten.

Die Römer

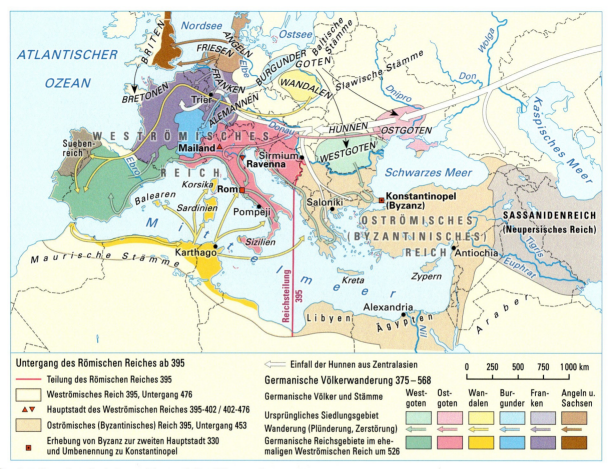

① *Die Teilung des Römischen Reiches und die Völkerwanderung*

Das Römische Reich zerfällt

375 vertrieben die Hunnen, ein Reitervolk aus Innerasien, die Goten aus Südrussland. Die Goten mussten sich nun neues Ackerland suchen und brachen ihrerseits in das Römische Reich ein. Das wurde der Anstoß für die **Völkerwanderung**, die das Ende des Römischen Weltreiches herbei führte. Es wurde 395 endgültig in eine westliche und eine östliche Hälfte geteilt. In die westliche Hälfte drangen Germanenstämme ein und errichteten eigene Herrschaftsgebiete. Im Jahr 476 wurde der letzte weströmische Kaiser abgesetzt.

Wir verfolgen zwei der Volksstämme genauer:
Die Alemannen drängten seit dem 3. Jahrhundert immer wieder über den Limes hinweg in die römische Provinz hinein. Einmal wurden sie zurückgeschlagen. Doch dann drangen sie endgültig vor. Sie besiedelten das Land zwischen Rhein und Lech, zwischen Neckar und den Alpen. Dort leben ihre Nachfahren, die Schwaben, noch heute.

② *Hagia Sophia in Istanbul*

Am wichtigsten aus europäischer Sicht wurde das Reich der Franken. Es breitete sich besonders unter König Chlodwig aus. Er unterwarf die letzten Reste des Römischen Reiches in Gallien. Er besiegte auch die Alemannen, die seitdem zum Frankenreich gehörten.

Das Oströmische Reich bleibt als christliches Reich bestehen

In der Hauptstadt Konstantinopel, dem heutigen Istanbul, herrschte weiterhin ein Kaiser. Der christliche Glaube einte das Oströmische Reich, das von den Historikern „Byzantinisches Reich" genannt wird. In Konstantinopel ließ der Kaiser zu Ehren der „Heiligen Weisheit" (Hagia Sophia) die damals größte Kirche der Christenheit bauen. Sie bot etwa 30 000 Menschen Platz.

③ *Zeichnung eines Goten*

1 Beschreibe die Wanderungen der Ostgoten und der Westgoten.
2 Von welchem Reich wurden die Alemannen erobert?

TERRATraining

Die Römer

1 Buchstabensalat

Suche acht Namen und Begriffe zur Gründung Roms im Buchstabensalat. Alle Wörter kommen in der Sage über die Gründung Roms vor.

S	V	O	W	O	E	L	F	I	N	D
U	O	R	O	T	I	M	U	N	B	A
L	C	H	R	I	P	J	I	H	O	Z
U	K	I	E	B	A	O	N	R	C	K
M	Ü	G	R	E	M	U	S	E	M	S
O	E	R	F	R	T	M	O	L	Z	R
R	H	E	A	X	S	I	L	V	I	A
B	U	N	L	A	B	E	S	T	E	M

2 Findest du die Begriffe?

– Versammlung der römischen Adligen
– Titel der beiden obersten Beamten im Römischen Reich
– Sonderbeamter zum Schutz der Plebejer
– Angehöriger der adligen Familien
– Einspruch, der einen Beschluss aufhebt
– Titel der römischen Herrscher seit Augustus

Die Anfangsbuchstaben zur Kontrolle: K, K, P, S, V, V

3 Wie heißen die Orte und Flüsse heute?

a) Guntia
b) Brisacium
c) Cambodunum
d) Danuvius
e) Nicer
f) Rhenus

Sieh zur Kontrolle auf der Karte „Die Römer in Baden-Württemberg" nach.

4 Was zeigen die Zeichnungen?

❶

❷

❸

❹

❺

Wichtige Begriffe
Aquädukte
Forum Romanum
Germanen
Kastell
Konsuln
Limes
Provinz
Republik
Senat
Senatoren
Sklaven
Völkerwanderung
Volkstribunen
Volksversammlung

5 Kennst du dich in der römischen Provinz Gallien aus?

Benenne die Flüsse, Gebirge, eine Stadt, ein Meer und einen Ozean mit ihren heutigen Namen.
Die Anfangsbuchstaben zur Kontrolle:
A, A, L, M, P, P, R, S

6 Lückentext

Schreibe den Lückentext ab und setze die passenden Wörter an den richtigen Stellen ein. Alle Lösungswörter findest du im Kapitel „Die Germanen".

> Germanien war von endlosen und unzugänglichen ... bedeckt.
> Die Bewohner benachbarter Flächen bildeten einen ...
> Über Krieg und Frieden entschied die Versammlung der ...
> Die Versammlung wurde von ... geleitet.
> Viele Kenntnisse der Germanen verdanken wir ... Schriftstellern.
> Am meisten wissen wir über sie durch die Berichte des ...

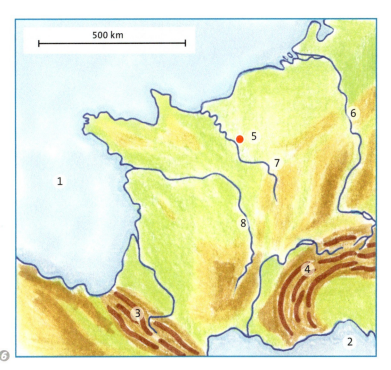

❻

7 Wer findet die Lösung?

a) Sammelname für Völker und Stämme in Mittel- und Nordeuropa
  ▪ _ _ _ _ _ _ _ _

b) Gründer des Frankenreichs
  _ _ _ ▪ _ _ _ _

c) Römischer Herrscher, der als erster das Christentum duldet
  _ _ _ _ ▪ _ _ _ _ _ _

d) Vorgänger der Schwaben
  _ _ _ ▪ _ _ _ _ _ _

e) Reiter- und Nomadenvolk aus Asien
  _ _ ▪ _ _ _

Das Lösungswort ist ein germanischer Stamm, der ursprünglich aus Südschweden kommt.

8 Bilderrätsel

Löse die Bilderrätsel und erkläre die gesuchten Begriffe.

a

b   D=W

Teste dich selbst
mit den Aufgaben 3f, 5 und 7d.

Miteinander leben

Miteinander leben – das bedeutet vor allem Leben in der Familie. Hier wächst du mit deinen Wünschen auf, hier findest du Geborgenheit und Liebe, du nimmst Anteil an Freude und Sorgen, du wirst versorgt und verbringst in der Familie einen Teil deiner Freizeit. Du hast auch Verpflichtungen und manchmal gibt es Streit mit Geschwistern oder Eltern. Und natürlich lebst du auch mit anderen Menschen zusammen, die häufig sogar aus ganz anderen Ländern kommen.

Wir machen Affenquatsch

Unsere bunt gemischte Kl...

... ach tut das gut!!

Übung macht den Meister!

Anja von ihrer „besten" Seite!

Hab mein Wagen voll geladen ...

❶ *Hitliste der Wünsche einer 6. Klasse an der Hauptschule im März 2003*

11- bis 12-jährige Jungen
1. viel Geld
2. Fahrrad
3. Spielsachen
4. Frieden
5. Computerspiele
6. Sportgeräte wie Ski, Snowboard
7. Reise
8. guter Job

11- bis 12-jährige Mädchen
1. Frieden
2. Hund oder Katze oder Pferd
3. Gute Noten
4. Haus mit Garten und Pool
5. Spielsachen
6. Freundinnen und Freunde
7. Kleidung
8. Reise

❷

Meine Bedürfnisse – deine Bedürfnisse

Ob groß – ob klein, ob in der Familie oder als Einzelner: Jeder Mensch hat Wünsche. Darunter sind auch Sehnsüchte und Wünsche, die selten in Erfüllung gehen. Die Wünsche kann man behalten und sich darauf freuen, dass sie eines Tages erfüllt werden.

Wünsche werden auch als Bedürfnisse bezeichnet. Welche Bedürfnisse der Einzelne hat, hängt von seiner Lebenssituation ab. Dabei spielt vieles eine Rolle: das Alter, der Familienstand (ledig, verheiratet, geschieden), der Beruf, die Höhe des Einkommens, der Wohnort, das Geschlecht, die Hobbys, die Tages- oder Jahreszeit.

Ohne Luft, Wasser, Nahrung, Kleidung, Bildung und ein Dach über dem Kopf können wir nicht überleben. Aber erst in schlechten Zeiten treten diese **Grundbedürfnisse** wieder in den Vordergrund, wenn zum Beispiel eine Familie wegen Arbeitslosigkeit weniger Geld zur Verfügung hat.

Da in den letzten Jahrzehnten die Einkommen stark gestiegen sind, müssen sich viele nicht mehr auf ihre Grundbedürfnisse beschränken. Sie wollen zum Beispiel in ein italienisches Restaurant essen gehen, einen DVD-Player besitzen oder eine Urlaubsreise machen.

Das können sich viele Menschen in Deutschland leisten. Den Wunsch nach

einem Internet-Anschluss, eine bestimmte Sportart auszuüben, auswärts essen zu gehen, Konzerte zu besuchen oder nach einer Mikrowelle nennt man **Wohlstandsbedürfnis**. Durch die Befriedigung solcher Wünsche kann man am allgemeinen Leben teilnehmen und ist in die Gemeinschaft aufgenommen.
Daneben gibt es allerdings echte **Luxusbedürfnisse**, die sich nur wenige erfüllen können. Dazu zählen große Villen mit Schwimmbad, wertvoller Schmuck oder ein Privatflugzeug.
Was nun wirklich ein Luxusbedürfnis ist, hängt vom einzelnen Menschen ab. Manche sagen schon zum Kauf von Markenkleidung: „So viel Geld würde ich nie für eine Jeans ausgeben. Das ist Luxus. So etwas brauche ich nicht."

❸ *Die Bedürfnispyramide*

1 a) Liste auf, welche Bedürfnisse die Menschen auf dem Foto 2 haben.
b) Ordne die Bedürfnisse den entsprechenden Bedürfnisarten der Bedürfnispyramide 3 zu.
2 a) Liste nun deine Bedürfnisse auf.
b) Erstellt in eurer Klasse eine Hitliste.

Miteinander leben

Reicht das Taschengeld?

❶ Wie viel Taschengeld für wen? Eine Empfehlung der Jugendämter

Alter	pro Monat in €
10 Jahre	12,50
11 Jahre	15,00
12 Jahre	17,50
13 Jahre	20,00
14 Jahre	22,50
15 Jahre	25,50
16 Jahre	30,50
17 Jahre	41,00

❷ Wofür wird Taschengeld ausgegeben?

Helena, 7. Klasse:
„Ich brauche das Geld für den Kauf einer Mobilfunkkarte für mein Handy und ab und zu für eine Zeitschrift oder das Kino."

Theo, 6. Klasse:
„Von meinem Taschengeld kaufe ich mir Zeitschriften und Eis. Ich brauche aber immer wieder etwas für Geschenke zu Geburtstagen oder Weihnachten."

Kristina, 5. Klasse:
„Ich gebe meine 20 Euro im Monat hauptsächlich für Süßigkeiten und Getränke aus. Einen Teil spare ich."

Marc, 16 Jahre, Schüler:
„PC, Internet, Computerspiele und CDs"

Felix, 7. Klasse:
„Meine Eltern geben mir die 138 Euro Kindergeld, die sie vom Staat für mich bekommen. Dafür muss ich mir aber auch meine Schulsachen und Klamotten kaufen."

Max, 5. Klasse:
„Ich brauche das Taschengeld für Eis und Süßigkeiten, manchmal für ein Comicheftchen oder ein Computerspiel."

Jutta, 17 Jahre, Azubi:
„Das meiste Geld geht mit Ausgehen drauf, Disco, Kino, Essen gehen. Meine Klamotten bezahlen meine Eltern oder die Oma, aber an den Führerscheinkosten muss ich mich beteiligen."

Taschengeld – wie viel und warum?

Nach Empfehlung von Jugendämtern und Verbraucherberatungen ist Taschengeld ein Geld zur freien Verfügung, das Kinder und Jugendliche regelmäßig erhalten. Selbst verdientes oder von Oma und Opa geschenktes Geld ist kein Taschengeld. Über die empfohlene Höhe des Taschengeldes kannst du dich in Tabelle 1 informieren. Aber jede Familie ist anders und deshalb muss man sich in der Familie darüber unterhalten und das Taschengeld der Familiensituation anpassen.

Welchen Sinn hat aber nun Taschengeld? Mit ihm sollst du lernen, dein Geld einzuteilen und damit auszukommen. Du lernst dabei, es über einen regelmäßigen und längeren Zeitraum einzuplanen und dabei Verantwortung zu entwickeln.

Taschengeldkürzung – Strafe oder Belohnung?

Petras Eltern erfahren vom Klassenlehrer, dass ihre Tochter häufig die Hausaufgaben nicht erledigt, unpünktlich in den Unterricht kommt und ihre Schulsachen nicht ordentlich beieinander hat. Zur Strafe kürzen sie Petras Taschengeld um die Hälfte.

Mathias bringt in den Englisch-Wörtertests schlechte Noten. Seine Eltern versprechen ihm eine Taschengelderhöhung, wenn er in den nächsten Tests gut abschneidet.

1 Wie viel Taschengeld bekommst du? Welche weiteren Geldeinnahmen hast du? Vergleiche mit den Angaben in Tabelle 1.

2 Wofür gibst du dein Geld aus?
 a) Erstelle eine Liste mit wöchentlichen oder monatlichen Ausgaben.
 b) Vergleiche sie mit den Angaben im Text.

3 Taschengeldkürzung als Strafe? Taschengelderhöhung als Belohnung? Nehmt dazu Stellung und vergleicht mit dem Sinn des Taschengeldes.

Tipps zum Taschengeld
- Notiere deine Ausgaben. Du siehst so, wo du etwas einsparen kannst.
- Teile dein Geld wochenweise ein. Hast du am Ende der Woche etwas übrig, gib es nicht schon in der nächsten Woche aus, sondern spare es für die Erfüllung eines größeren Wunsches an.
- Gehe nie mit leerem Magen Süßigkeiten einkaufen, sonst kaufst du automatisch zu viel.
- Tausche mit deinen Freunden Computerspiele, CDs und Zeitschriften oder leihe sie aus.

❶ *Bei Baumanns vor dem Essen*

Wieso immer ich?
Aufgabenverteilung in der Familie

1 a) Lest das Gespräch „Bei Baumanns vor dem Essen" mit verteilten Rollen.
b) Wie würdet ihr das Problem lösen? Überlegt und diskutiert.

2 Was meinst du zu den Aufgaben von Herrn Hebestreit in Foto 3?

3 a) Wie sind in deiner Familie die Aufgaben verteilt? Schreibe sie auf Kärtchen und erstellt in der Klasse ein Tafelbild.
b) Sollte etwas geändert werden?
c) „Wieso immer ich?" Das könnte jedes Familienmitglied sagen. Warum hilft diese Frage nicht weiter?

4 a) Text 4: Begründe, warum es für Frau Klieber wichtig ist, wieder in ihrem Beruf zu arbeiten.
b) Welche Probleme sieht sie dabei?
c) Schätze die Reaktionen von Mann und Kindern ein.

❷ **Was sagt das Gesetz?**
Aus dem Bürgerlichen Gesetzbuch:
„Das Kind ist, solange es dem elterlichen Hausstand angehört und von den Eltern erzogen und unterhalten wird, verpflichtet, in einer seinen Kräften und seiner Lebensstellung entsprechenden Weise den Eltern in ihrem Hauswesen und Geschäft Dienste zu leisten."

❸ Aufgaben von Herrn Hebestreit

❹ Arbeiten zu Hause – Arbeiten im Beruf

Frau Klieber möchte wieder in ihrem Beruf arbeiten. Sie hat Bürokauffrau gelernt und war berufstätig bis zur Geburt ihres ersten Kindes Paul. Ursprünglich wollte sie so lange zu Hause bleiben, bis Paul in den Kindergarten kommt. Zwei Jahre später kam jedoch Anna, ihr zweites Kind, auf die Welt. Jetzt gehen Paul und Anna zur Schule und Frau Klieber würde gern wieder „ihr eigenes Geld" verdienen und „unter die Leute kommen". Außerdem sind einige größere Anschaffungen in der Familie notwendig, das Auto verbraucht immer mehr Geld für Reparaturen und etwas Schickes zum Anziehen wünscht sich Frau Klieber auch. Nur mit dem Gehalt des Mannes ist das allerdings nicht zu schaffen.

Mithilfe einer Stellenanzeige in der Zeitung sucht eine Firma im Ort eine Bürokauffrau. Im ersten Augenblick denkt Frau Klieber: „Das ist genau das Richtige für mich!" Beim zweiten Nachdenken kommen ihr jedoch die ersten Zweifel. Und als sie beim Abendessen ihrem Mann und den Kindern von ihren Zukunftsplänen erzählt, sind die nicht sehr begeistert.

Miteinander leben

Was machen wir am Sonntag?

Endlich Wochenende! Tun und lassen können, was man möchte, nicht um sechs Uhr aufstehen, zur Schule oder zur Arbeit gehen müssen – ein Tag ohne Verpflichtungen, Hausaufgaben oder Termine! Wie schön, aber beim Frühstück am Sonntagmorgen setzen heftige Diskussionen um die Gestaltung des freien Familientages ein. Wie man sieht, ist das mit dem gemeinsamen Sonntag gar nicht so einfach. Durch unterschiedliche Wünsche und Meinungen der Familienmitglieder entsteht ein **Konflikt**. Wie kann er gelöst werden? Es gibt mehrere Möglichkeiten einer **Konfliktlösung**:

– Mutter oder Vater setzen ihre Interessen durch und ordnen an.
– Die Tochter ist beleidigt und bekommt so ihren Willen, da die Familienmitglieder nachgeben.
– Jeder darf einen Sonntag im Monat nach seinem Wunsch planen und alle machen mit.
– Alle versuchen, die Interessen eines jeden Einzelnen zu berücksichtigen.

— Jedes Familienmitglied versucht, die anderen zu überzeugen, teilweise aber auch nachzugeben.
Die letzten drei Beispiele einer Konfliktlösung nennt man **Kompromiss**.

1 Bildet Kleingruppen und überlegt, mit welchen Kompromissen man diesen Konflikt lösen könnte. Schreibt die Lösungsmöglichkeiten auf.

2 a) Entscheidet euch für eine dieser Lösungen und schreibt auf, wie die Szene weitergehen könnte.
b) Spielt die Szene in verteilten Rollen vor.

3 Überlege, ob es eine Form der Konfliktlösung ist, wenn jeder am Sonntag macht, was er will und die Familie nichts gemeinsam unternimmt. Begründe deine Entscheidung.

4 In der Familie und überall, wo Menschen miteinander zu tun haben, entstehen Konflikte. Berichte darüber.

Miteinander leben

❷ *Kleinfamilie Wuttke* ❸ *Kleinfamilie Ebersbacher*

Familien heute

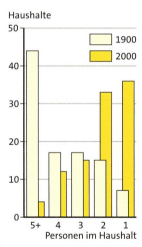

❶ *Anzahl von Personen in 100 deutschen Haushalten 1900 und 2000*

Fast überall auf der Welt, früher wie heute, leben Menschen in Familien. Als Kinder werden wir in Familien hineingeboren und dort großgezogen, als Erwachsene gründen wir oft selbst eine Familie.

Beim Stichwort **Familie** denken wir in der Regel an den Fall, der am häufigsten vorkommt: Mutter, Vater und Kind(er), die in einem Haushalt leben. In Wirklichkeit aber können Familien ganz unterschiedlich aussehen. Sie können klein oder groß sein. Die Mindestgröße einer Familie sind zwei Personen: eine alleinerziehende erwachsene Person und ein Kind. Eine Höchstzahl gibt es nicht.

Bei uns herrscht die **Kleinfamilie** vor. In ihr leben die Eltern bzw. ein Elternteil mit einem oder zwei Kindern. Großfamilien sind selten. Von **Großfamilie** spricht man, wenn ein Ehepaar viele Kinder hat oder wenn in einem Haushalt mehrere Generationen oder mehrere Kleinfamilien zusammenleben. Früher war dies häufig der Fall.

Aufgaben der Familie

Eine Familie ist eine Lebensgemeinschaft, die in einer gemeinsamen Wohnung lebt. Die Mitglieder stehen in einer besonderen Beziehung und in enger Bindung. Anfallende Aufgaben müssen besprochen und entweder verteilt oder gemeinsam erledigt werden.

Sehr verantwortungsvolle Aufgaben haben Eltern gegenüber ihren heranwachsenden Kindern: Sie müssen versorgt, betreut und erzogen sein. Zur Versorgung gehören Ernährung, Körperpflege und Kleidung, zur Betreuung die Befriedigung geistiger und seelischer Grundbedürfnisse wie Reden, Spielen und Zärtlichkeit. Dies vermittelt den Heranwachsenden das Gefühl der Geborgenheit und der Sicherheit.

Eine zweite wichtige Aufgabe ist die **Erziehung** der Kinder. Mutter und Vater sind die wichtigsten Erziehungspersonen eines Kindes, nach dem Gesetz **Erziehungsberechtigte** genannt. Die Erziehungsaufgaben sind sehr vielfältig. Hierzu gehören: das Vermitteln von Verhaltensregeln wie Pünktlichkeit, von Tugenden wie Höflichkeit und Hilfsbereitschaft sowie von Wertschätzungen wie z.B. von Schulfächern oder von Tieren. Um ihre **Erziehungsziele** zu erreichen, setzen Eltern Mittel wie Lob oder Belohnung und Tadel oder Strafe ein. Für die Erziehungsaufgabe gilt die Regel, dass ein gutes Vorbild oft mehr bewirkt als tausend Worte. Oberstes Erziehungsziel ist die Hinführung zur Selbstständigkeit.

❹ *Von „offiziellen" und „heimlichen" Erziehern*

❺ **Aus dem Grundgesetz, Artikel 6:**
(1) Ehe und Familie stehen unter dem besonderen Schutz der staatlichen Ordnung.
(2) Pflege und Erziehung der Kinder sind das natürliche Recht der Eltern und die zuvorderst ihnen obliegende Pflicht. Über ihre Betätigung wacht die staatliche Gemeinschaft.
(3) Gegen den Willen der Erziehungsberechtigten dürfen Kinder nur auf Grund des Gesetzes von den Eltern getrennt werden, wenn die Erziehungsberechtigten versagen oder wenn die Kinder aus anderen Gründen zu verwahrlosen drohen.

1 a) Erstelle mithilfe der Grafik 1 eine Tabelle.

Anzahl der Personen pro 100 Haushalte:

	1900	2000
5 und mehr	44	4

b) Vervollständige zum Jahr 2000 zwei Sätze:
– In 36 von 100 Haushalten ...
– In 48 von 100 Haushalten ...

2 Welche Vorteile und Nachteile hat es, in einer Großfamilie zu leben?

3 Arbeite mit Abbildung 4 und dem Text.
a) Von den Eltern lernen. Gib Beispiele.
b) Eltern als Erzieher haben Konkurrenz. Nimm Stellung.

4 Erläutere den Ausspruch: „Ein gutes Vorbild bewirkt mehr als tausend Worte".

5 Text 5: In welchen Fällen können Eltern ihr Erziehungsrecht verlieren?

TERRAMethode
Miteinander leben

Eine Befragung durchführen

Das Thema „Familie" ist eine spannende Angelegenheit. Jeder kann dazu etwas sagen, jeder hat seine ganz bestimmten Erfahrungen, bei jedem sieht das Leben in der Familie etwas anders aus. Also ein Thema wie gemacht für eine Befragung.

Ihr möchtet Meinungen anderer Menschen über ein Thema erfahren und festhalten? Dann ist es am besten, wenn ihr eine Befragung durchführt. Eure Ergebnisse solltet ihr danach in der Schule präsentieren. Was ihr bei einer Befragung beachten müsst, lernt ihr auf dieser Seite.

1. Schritt: Eine Befragung vorbereiten
– Macht euch mit dem Thema vertraut. Sprecht über das Thema. Stellt fest, was ihr schon wisst.
– Überlegt, was ihr erfahren wollt. Formuliert die Ziele, schreibt sie auf ein Plakat und hängt es im Klassenzimmer auf.
– Legt fest, wen ihr befragen wollt.
– Verteilt die Aufgaben:
Wer stellt die Fragen?
Wer schreibt die Antworten auf?

2. Schritt: Einen Fragebogen erstellen
– Formuliert die Fragen. Denkt dabei immer an eure Ziele.
– Achtet bei der Formulierung darauf, dass eure Gesprächspartner wirklich ihre Meinung sagen können. Das hängt vom Fragetyp ab.
– Legt die Reihenfolge fest, in der ihr die Fragen stellen wollt.
– Schreibt die Fragen sauber auf ein Blatt oder tippt sie sorgfältig mithilfe eines Computers ab und druckt sie dann aus.

3. Schritt: Eine Befragung durchführen
– Denkt daran, dass eure Fragen den Zeitplan der Befragten unterbrechen. Je nach Gesprächspartner solltet ihr vorher einen Termin vereinbaren, damit genügend Zeit für eure Fragen freigehalten werden kann.
– Wenn ihr einen Kassettenrekorder benützen wollt, um die Antworten aufzunehmen, fragt erst um Erlaubnis.
– Seid freundlich und stellt eure Fragen klar und deutlich.
– Kontrolliert, ob alle Fragen gestellt und alle Antworten aufgeschrieben sind.
– Bedankt euch für das Gespräch und verabschiedet euch höflich.

4. Schritt: Eine Befragung auswerten
– Nummeriert zuerst die ausgefüllten Fragebögen.
– Zählt dann die Kreuze bei den Auswahlfragen aus und tragt sie in eine Auswertungstabelle ein.
– Die Antworten auf die offenen Fragen müsst ihr in Sinngruppen ordnen und zusammenfassen.
– Stellt eure Ergebnisse in Diagrammen oder Tabellen dar. Erklärt jedes Diagramm und jede Tabelle mit einem eigenen Text.
– Arbeitet Zusammenhänge zwischen den Einzelergebnissen heraus.

5. Schritt: Die Ergebnisse präsentieren
– Gestaltet mit den Ergebnissen eine Wandzeitung.
– Schreibt einen Bericht für die Tageszeitung, Schülerzeitung oder die Homepage eurer Schule.

❶ **Verschiedene Arten von Fragen**

1. Geschlossene Fragen

Verschiedene Antwortmöglichkeiten sind vorgegeben. Man unterscheidet:

Einfachwahlfragen:

Es darf immer nur eine Antwort angekreuzt werden.

Mehrfachwahlfragen:

Es können immer mehrere Antworten angekreuzt werden.

Die Auswertung ist einfach.

2. Offene Fragen

Es gibt keine vorgegebenen Antworten. Der Befragte muss selbst formulieren.

Die Auswertung ist schwieriger.

❸ **Eine Befragung zum Zusammenleben in der Familie**

1. Wie viele Mitglieder leben in deiner Familie? (Eltern, Geschwister, Großeltern in einer Wohnung)

○ zwei ○ drei ○ vier ○ fünf ○ sechs ○ sieben oder mehr

2. Wie viel Taschengeld erhältst du pro Monat?

○ bis 5 € ○ 5 – 10 € ○ 10 – 15 € ○ 15 – 20 € ○ mehr als 20 €
○ gar kein Taschengeld

3. Wofür gibst du dein Taschengeld aus?

_____
_____
_____
_____

❷ **Ziel der Befragung:**

Wir wollen herausfinden, wie das Zusammenleben in den Familien in unserer Klasse / unserer Schule aussieht.

– Aus wie vielen Personen bestehen die Familien, welche Anzahl kommt am häufigsten vor?
– Gibt es mehr Kleinfamilien oder mehr Großfamilien?
– Wie viel Taschengeld erhalten die Kinder?
– Wer entscheidet, was am Wochenende oder an freien Tagen gemacht wird?
– Welches Familienmitglied muss welche Aufgaben erledigen?
– Welche Konflikte treten auf?

❹ *Schüler beim Auswerten des Fragebogens*

Methode

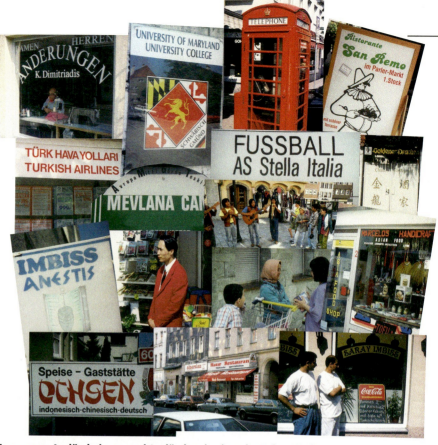

② *Spuren von Ausländerinnen und Ausländern in einer deutschen Stadt*

Auf unsere Schule gehen...

Viktor kommt aus Russland, Elem aus der Türkei, Behdad stammt aus dem Iran, Dalida aus Kroatien, Petros aus Griechenland. Irina und Sandro sind in Deutschland geboren, andere sind mit ihren Eltern erst vor kurzem aus ihrem Heimatland zugezogen.

Nun leben sie mit uns in einem Dorf oder einer Stadt, gehen mit uns auf eine Schule oder in einen Verein. Wir sprechen miteinander, lernen und spielen zusammen.

Doch was wissen wir eigentlich voneinander? Wie lebt man in dem Land, aus dem unsere Mitschüler kommen? Welche Sitten und Gebräuche, Religionen, Sprachen, Spiele, Speisen und Gewohnheiten gibt es dort? Wer kennt die Gründe, warum die Familien ihr Heimatland verlassen haben und nach Deutschland gekommen sind? War es schwer sich hier einzugewöhnen?

Sicher habt ihr noch weitaus mehr Fragen. Die Antworten zu erfahren könnte uns helfen, einander besser zu verstehen. Natürlich werdet ihr Unterschiede feststellen, wenn ihr euch näher kennen lernt. Aber es gibt auch sehr viele Gemeinsamkeiten und lernen können wir bestimmt vieles voneinander.

1 Betrachtet die Collage 2: Findet ihr ähnliche Spuren an eurem Schulort? Listet auf.
2 Legt gemeinsam eine Tabelle an:
 a) Aus welchen Ländern kommen die Familien der Schülerinnen und Schüler in eurer Klasse, an eurer Schule?
 b) Vergleicht das Ergebnis mit Tabelle 4.
3 Sieh dir die Abbildung 1 an: Welche der Flaggen könnt ihr Tabelle 4 zuordnen. Beginne mit der linken Flagge.

❸ **Vier Aktionen zum Nachmachen:**
A. Ein Stadtrundgang — einmal anders:
Ausländische Schülerinnen und Schüler übernehmen die Führung und zeigen,
a) wo sie spielen,
b) wo sie einkaufen,
c) wo sie sich mit Landsleuten treffen.
B. Wir essen gemeinsam:
Erkundigt euch bei euren ausländischen Mitschülern und Mitschülerinnen nach landestypischen Gerichten oder Mahlzeiten. Bildet Gruppen und besorgt euch ein Rezept und alle Zutaten. Sicher könnt ihr mit Zustimmung eurer Eltern die Küche benutzen und gemeinsam kochen.
C. Sprachlos in der Stadt:
Um zu erfahren, wie wichtig die Kenntnis der Landessprache ist, erledigt einmal an einem Tag alle wichtigen Besorgungen, ohne dabei ein Wort zu sprechen.
D. Interviewrunde
Sammelt eure Fragen an ausländische Mitschüler und Mitschülerinnen und erstellt einen Fragebogen. Ladet ausländische Mitschüler anderer Klassen zu einer Interviewrunde in euren Unterricht ein. Befragt sie mithilfe des Fragebogens, um sie besser kennen zu lernen.

❹ **Ausländer in Deutschland (2001) nach Herkunftsland**

Türkei	1 999 000
Jugoslawien	662 000
Italien	619 000
Griechenland	365 000
Polen	301 000
Kroatien	217 000
Österreich	187 000
Bosnien-Herzegowina	156 000
Portugal	134 000
Spanien	129 000
Großbritannien	115 000
USA	114 000
Niederlande	111 000
Frankreich	110 000
Iran	108 000
Rumänien	90 000
Ukraine	89 000
Vietnam	84 000
insgesamt	7 297 000

TERRATraining

Miteinander leben

1 Familie ist ...

Ordne jedem Punkt einen der angegebenen Begriffe zu.

a) Zum ... gehört Zusammensein, Spielen, Freizeit, gemeinsames Essen und vieles mehr.
b) Es gehört zur ..., wenn Eltern versuchen, ihren Kindern gutes Benehmen beizubringen.
c) Ehrlichkeit, Fleiß, Höflichkeit und Pünktlichkeit sind wichtige ..., die die Familie vermittelt.
d) ... sind Erziehungsmittel.
e) Schlechte Noten in der Schule oder Vernachlässigung der häuslichen Pflichten führen zu ... mit den Eltern. Dies nennt man auch ...
f) Frieden, Gesundheit, Naturliebe, Umweltschutz sind wichtige ...

2 Familienkonflikte

Schreibe die fehlenden Begriffe auf. Wenn du die nummerierten Buchstaben aneinander reihst, ergibt das eine Konfliktlösungsmöglichkeit.

a) Wo unterschiedliche Interessen aufeinander treffen, entstehen ... (1)
b) K... gehört zur Hausarbeit und wird meist von der Mutter erledigt. (2)
c) In der ... gibt es Geborgenheit, aber auch Konflikte. (3)
d) Wenn Menschen mit einem Zustand unzufrieden sind, haben sie ein P... (1)
e) ... und Kinder bilden zusammen einen Familienhaushalt. (5)
f) Am ... kann man miteinander etwas unternehmen. (2)
g) M... im Haushalt gehört zu den Pflichten der Kinder. (1)
h) In der Familie werden ... versorgt und erzogen. (2)
i) Die meisten Erwachsenen haben nicht nur Hausarbeit zu erledigen, sondern sind auch ... (6)
j) Ein anderes Wort für Konflikt ist ... (1)

Wichtige Begriffe

Erziehung
Erziehungs-
 berechtigte
Erziehungsziele
Familie
Großfamilie
Grundbedürfnisse
Kleinfamilie
Kompromiss
Konflikt
Konfliktlösung
Luxusbedürfnisse
Wohlstands-
 bedürfnisse
Verantwortung

3 Silbenrätsel

Bilde aus den Silben die passenden Begriffe. Am Ende darf keine Silbe übrig bleiben.

a) Jeder Mensch hat ...
b) Luft, Wasser und Nahrung gehören zu den ...
c) Wohlstandsbedürfnisse können sich viele Menschen in ... erfüllen.
d) ... wie eine Villa können sich nur wenige erfüllen. Allerdings können sie unterschiedlich ausfallen: Für den einen ist es ein ... , für den anderen eine ...

BE – BE – DEUTSCH – DÜRF – DÜRF – FLUG – GRUND – HO – KEN – LAND – LU – MAR – NIS – NIS – PRI – SCHE – SE – SE – SEN – VAT – WÜN – XUS – ZEUG

4 Bilderrätsel

Löse die Bilderrätsel und erkläre die gesuchten Begriffe.

a

b

5 Geld – Geld – Geld

Finde die richtigen Antworten heraus. Begründe, weshalb sie zutreffen.
– Das Taschengeld ist Geld zur freien Verfügung.
– Mit dem Taschengeld sollten Schüler ihre Schulsachen kaufen.
– Die Geldgeschenke von Großeltern und Verwandten sind Teil des Taschengeldes.
– Die Höhe des Taschengeldes ist gesetzlich geregelt.
– Die Höhe des Taschengeldes sollte sich nach dem Alter des Kindes richten.
– Die Höhe des Taschengeldes sollte sich an den Möglichkeiten der Familie orientieren.
– Je höher das Taschengeld, um so besser kann man es sich einteilen.
– Mit dem Taschengeld soll man lernen, verantwortlich mit dem Geld umzugehen.
– Taschengeld ist notwendig, damit die Eltern nicht jede Kleinigkeit kaufen müssen.

6 Was tun?

Janas Eltern sind schockiert. Sie erfuhren, dass ihre Tochter im Supermarkt eine CD „mitgehen ließ". Nun sind sie sich nicht einig, wie sie Jana gegenüber reagieren sollen.
a) Überlegt in Partnerarbeit, wie die Diskussion zwischen den Eltern verlaufen sein könnte.
b) Jeweils zwei Partner können ihr Streitgespräch vor der Klasse führen.

Teste dich selbst
mit den Aufgaben 1d, 2g und 3a.

Kinder der Welt

*Kinder der Welt – auch du gehörst dazu. Alle Kinder möchten umsorgt werden, satt werden, spielen und lernen können. Das sieht in verschiedenen Kulturen ganz unterschiedlich aus.
Aber nicht für alle erfüllen sich diese Bedürfnisse, je nachdem, in welchem Land sie leben und zu welcher Schicht ihre Eltern gehören.*

8

Kinder der Welt

Wir sind alle Weltbürger

❶ Tracy (14 Jahre)
Meine Heimatstadt ist Seattle, im äußersten Nordwesten der USA. Mein Traum ist es, ein Musicalstar zu werden. Ich gehöre einer Theatergruppe unserer Schule an. Seit meinem vierten Lebensjahr besuche ich eine Ballettschule. Castings für Film- und Fernsehproduktionen sind mir nicht unbekannt. Noch war ich nicht erfolgreich, aber ich bin ja noch jung.

❷ Aischa (13 Jahre)
Ich bin eine Targia und wohne mit meiner Familie am Rande des Tassili. Als Mädchen muss ich häufig die Ziegen in der Nähe des Zeltes hüten. Eine Targia trägt keinen Schleier, auch nicht als erwachsene Frau. Bei uns wählt die Frau den Mann. Dem Mann gehört das Vieh und der Frau das Zelt. Ich bin stolz, eine Targia zu sein.

❸ Pancho (13 Jahre)
In meinem Heimatland Kolumbien herrscht seit vielen Jahren Bürgerkrieg. Ursprünglich lebte meine Familie in einem kleinen Dorf am Rande der Anden. Nachdem Rebellen das Dorf zweimal zerstört hatten, zogen wir in die Hauptstadt Bogotá. Hier kann ich auch Geld verdienen und so meine Familie unterstützen. An einer Straßenkreuzung verkaufe ich den Autofahrern Süßigkeiten.

1 Suche die sechs Heimatstaaten im Atlas.
2 Schreibe auf, was dir am Leben der Kinder gefällt und was nicht.

④ Yoshi (11 Jahre)

Ich lebe mit meinen Eltern und meinem Bruder in Japans Hauptstadt Tokyo. In Tokyo und Umgebung wohnen etwa 30 Millionen Menschen, daher ist hier auch nicht viel Platz für große Wohnungen. Unsere kleine Wohnung gehört der Automobilfirma, in der mein Vater arbeitet. Ich selbst bin fast den ganzen Tag mit Lernen für die Schule beschäftigt.

⑥ Faitala (14 Jahre)

Ich lebe auf einer kleinen Insel des Gilbert-Atolls im Pazifik. Mehr als 3 000 Kilometer sind es von hier bis nach Australien. Auf unserer Insel wachsen viele tropische Früchte und Beeren, von denen wir uns ernähren. Die zweite wichtige Nahrungsquelle ist das Meer. Als 14-jähriger Junge darf ich schon fast jeden Tag mit den Männern zum Fischen aufs Meer hinaus fahren.

⑤ Noki (12 Jahre)

Ich glaube fest daran, dass es Wissenschaftlern gelingt, ein Mittel gegen die Immunschwäche Aids zu entwickeln. Meine Eltern sind bereits an Aids gestorben. Ich lebe seit drei Jahren in einem Heim für aidskranke Kinder am Stadtrand von Durban in Südafrika. Jede Erkältung ist für mich lebensbedrohlich. Mein Schicksal teile ich mit mehr als 1 Million Kindern in Südafrika und 30 Millionen in Afrika insgesamt.

Hallo, ich heiße Maria Cocoy, bin 12 Jahre alt und lebe in Guatemala. Mein Dorf liegt im Hochland am Atitlán-See. Um den See herum gibt es hohe Vulkane. Immer wieder verraten Rauchfahnen, dass sie noch tätig sind.

Wie alle Frauen und Mädchen trage ich die alte indianische Tracht: das Kopftuch, die Bluse und den Rock. Die Muster sind sehr alt und erzählen von unserer Vergangenheit. Meine Familie gehört zum Volk der Maya, der indianischen Urbevölkerung des Landes. Unsere Vorfahren haben vor der Ankunft der Spanier großartige Städte mit über 60 m hohen Tempelpyramiden gebaut. Sie hatten einen genauen Kalender und konnten den Lauf der Gestirne genau voraussagen.

Meine Eltern sind Bauern. Papa bestellt die kleinen Felder mit Mais und Kartoffeln, außerdem mit Bohnen, Kürbis, Tomaten, Chilipfeffer. Mama versorgt Haushalt und Kinder und hilft in der Landwirtschaft. Außerdem webt und bestickt sie bunte Kleidungsstücke.

Ich kann auch schon selbst am Hüftwebstuhl Stoffe mit schönen Mustern herstellen. Am liebsten spiele ich mit meinen Freundinnen. Dann knüpfen wir Freundschaftsbänder aus bunten Fäden.

In der Schule lernen wir Spanisch, denn nur so können wir uns mit allen Menschen in unserem Land verständigen. Nur wer Spanisch spricht, wird es später zu etwas bringen.

Mein Lieblingstier ist dieser Ara, den mir mein Onkel geschenkt hat. Weil die Wälder überall abgeholzt werden, gibt es immer weniger von diesen Vögeln.

Hallo, ich heiße Wang Dong, bin 11 Jahre alt und lebe mit meinen Eltern und meiner Großmutter in einem Vorort von Shanghai. Das ist die größte Stadt Chinas mit über 12 Millionen Einwohnern.

Wang ist mein Familienname, Dong mein Vorname. Wie die meisten chinesischen Kinder habe ich keine Geschwister. Weil es schon über eine Milliarde Chinesen gibt, sollen die Familien nur ein Kind bekommen, damit das Essen und die Arbeitsplätze auch in Zukunft reichen.

Meine Eltern sind beide berufstätig. Vater arbeitet bei einer japanischen Computer-Firma, Mutter ist in einem deutsch-chinesischen Unternehmen beschäftigt.
Zu Hause versorgt mich Großmutter. Gegessen wird bei uns mit Stäbchen. Ich habe auch schon versucht, mit Messer und Gabel zu essen. Das war total ungewohnt!

Zur Schule fahre ich mit dem Fahrrad. Jeden Morgen und Abend sind die Straßen voller Radfahrer. In der Schule bleiben wir von 7.30 bis 17.00 Uhr. Wir schreiben nicht mit Buchstaben sondern mit Zeichen. Insgesamt gibt es über 50 000, doch so viele kennt kaum jemand. Bisher kann ich schon mehr als 2 000 Zeichen lesen und schreiben. Aber wer eine Zeitung lesen will, braucht etwa 4 000 Zeichen.

Am Wochenende begleite ich Großmutter manchmal in den Tempel. Dort brennt sie Räucherstäbchen vor der Buddhastatue ab, spricht ihre Fürbitten und spendet etwas Geld für die Armen.

Mein Lieblingstier ist der Panda. Ich könnte ihm stundenlang zuschauen, wenn ich mit meinen Eltern den Zoo besuche.

Das heißt: Danke!

Wie wäre es, wenn du in einem Brief an Maria oder Dong beschreibst, wie du lebst? Nenne Gemeinsamkeiten und Unterschiede. Lege ein Foto von dir bei und erkläre, was man darauf sieht.

155

Kinder der Welt

Carlos Barrera (13 Jahre, Kolumbien)
Ich lebe in Kolumbien im Dorf Gameza. Zusammen mit meinem Vater arbeite ich dort tief im Stollen eines Bergwerks. Zehn Stunden am Tag stehen wir im dichten schwarzen Staub. Alle nennen mich Envasador, denn ich belade die Karren. Mein Bruder dagegen ist Carretillero und schiebt die Karren. Manchmal habe ich einen Tag Pause und dann darf ich in die Schule.

Vijay Roy (8 Jahre, Indien)
Als ich fünf Jahre alt war, kam ein Mann in unser Dorf. Er kaufte mich von meinen Eltern. Sie weinten, als ich ging, aber wir sind so arm, dass wir nicht genug zu essen hatten. Der Mann versprach mir, dass ich viel Geld verdienen würde und meinen Eltern und Geschwistern helfen könnte. Stolz ging ich mit ihm. Er hat mich betrogen. Von morgens bis abends sitze ich am Webstuhl in der Fabrik und knüpfe Faden um Faden für schöne Teppiche.

envasador
Vom spanischen Wort envasar = einfüllen

carretillero
Vom spanischen Wort carreta = Karren

UNESCO (United Nations Educational, Scientific and Cultural Organization):
Eine Organisation der Vereinten Nationen zur Förderung von Erziehung, Wissenschaft und Kultur

Arbeiten müssen oder wollen?

Kinder arbeiten auf der ganzen Welt, und zwar nicht nur in Teppichfabriken in Asien oder in südamerikanischen Bergwerken. Auch in Deutschland üben Kinder Tätigkeiten aus, die über die Schule weit hinausgehen. Dabei verdienen Kinder Geld. Ist aber jede von Kindern ausgeübte Arbeit als **Kinderarbeit** anzusehen? Der Begriff Kinderarbeit wird dann gebraucht, wenn die Kinder durch die Tätigkeit gefährdet oder ausgebeutet werden. Genaue Zahlen über Kinderarbeit liegen nicht vor. Schätzungen gehen von bis zu 300 Millionen Kinderarbeitern auf der Welt aus.

Kinderarbeit heißt ...
– Vollzeitarbeit in zu jungen Jahren
– zu viele Arbeitsstunden
– eine Tätigkeit, die unangemessenen körperlichen, sozialen oder psychologischen Stress verursacht
– auf der Straße arbeiten und leben
– unzureichende Entlohnung
– zu große Verantwortung
– eine Tätigkeit, die die Bildung behindert
(Auszug aus einer Erklärung der UNESCO)

Katharina Mann (14 Jahre, Deutschland)
Ich lebe in Hamburg mit meiner Mutter und meinen zwei Geschwistern. Ich helfe meiner Mutter oft im Haushalt, weil ich das älteste Kind bin und sie selbst auch arbeiten gehen muss. Ich habe seit kurzem noch einen Job, um mir mein Taschengeld zu verdienen. Das ist prima, denn so kann ich mir auch etwas leisten. Im Moment spare ich auch für ein neues Fahrrad oder die Teilnahme an einer Sprachreise, mal sehen.

Thomas Burne (14 Jahre, Amerika)
Ich lebe in Anandale, in der Nähe von Washington. Ich habe noch vier Schwestern und wir wohnen am Rand der Siedlung. Ich fahre jeden Morgen mit dem Fahrrad die Zeitungen aus. Ich finde es nicht toll, so früh aufzustehen, weil ich dann in der Schule müde bin oder am Abend, wenn ich etwas unternehmen möchte. Aber ich brauche das Geld für Klamotten oder meine Freizeit. Einen Teil spare ich für ein Auto: das muss sein!

RUGMARK®
Eine Initiative zur Förderung der Teppichherstellung ohne Kinderarbeit
Rug ist das englische Wort für Teppich, „RUGMARK" heißt also „Teppichzeichen". Das Warenzeichen wird an Unternehmen vergeben, die sich verpflichten, keine Kinder unter 14 Jahren zu beschäftigen.

1 a) *Vergleiche die Berichte der Kinder.*
b) *Welche Gemeinsamkeiten und Unterschiede stellst du in Bezug auf dein eigenes Leben fest? Liste diese auf.*
c) *Welche Auswirkungen haben ihre Tätigkeiten auf ihr späteres Leben?*
2 *Überprüfe mithilfe der Erklärung zur Kinderarbeit (Text 3), ob die vier Kinder Kinderarbeit verrichten.*
3 *Was können wir tun, um die Lebensbedingungen der Kinder in den indischen Teppichfabriken zu ändern (Text 5)?*

TERRAMethode

Kinder der Welt

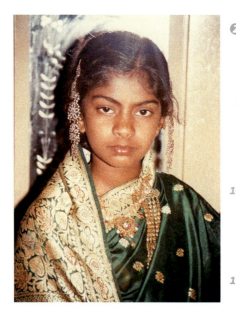

① Rashma in ihrem Brautkleid

Immer wieder begegnen wir Texten. Diese Texte gründlich zu bearbeiten ist wichtig und will gelernt sein. Denn nur dann kann man die wesentlichen Informationen aus einem Text entnehmen.

Einen Text auswerten

1. Schritt: Erstes Lesen

Du liest den Text durch, um einen ersten Eindruck vom Inhalt zu bekommen. Dabei achtest du besonders auf Überschriften und fett Gedrucktes.
Unbekannte Begriffe notierst du dir, um sie im Wörterbuch oder im Lexikon nachzuschlagen.

investieren: (Kapital bzw. Geld) anlegen
(Quelle: Wörterbuch)

2. Schritt: Genaues Lesen und Markieren

Nun liest du den Text ein zweites Mal: Aber jetzt unterstreichst du dabei Stellen, die dir wichtig erscheinen. Benutze dazu das Lineal und einen Bleistift – damit du die Striche wieder beseitigen kannst.

② **Eine Mitarbeiterin der Kindernothilfe:**
Die elfjährige Rashma ging, wie sie mir stolz berichtete, in die Schule und konnte in Kannada, der Sprache ihres Bundeslandes Karnataka, lesen und schreiben. Da sie dazu noch Englisch lernte, konnten wir uns ganz gut verständigen. Ich war begeistert, wie selbstbewusst Rashma „no problem" sagte, wenn ich sie nach der Schule fragte. Schließlich wusste ich, dass viel weniger Mädchen als Jungen in Indien überhaupt eine Schule besuchen können. Dort tun sie sich dann oft schwer, weil sie zu Hause schon viel mehr Pflichten übernehmen müssen als Jungen.
Dass Frauen in Indien sehr benachteiligt werden, ist in der indischen Gesellschaftsordnung begründet. In ihr haben Männer in Familie und Gesellschaft eine hohe, Frauen aber nur eine untergeordnete Stellung.
Töchter werden von indischen Eltern oft nur als „Kostenfaktor" betrachtet. Was sie in ein Mädchen investieren, kommt ausschließlich der Familie des künftigen Ehemannes zugute. Außerdem stehen Eltern in Indien unter dem Zwang, ihre Töchter bei der Heirat mit einer beträchtlichen Mitgift auszustatten. Dadurch geraten sie häufig in finanzielle Bedrängnis und müssen sich zu Wucherzinsen hoch verschulden.
Die Benachteiligung von Mädchen beginnt bereits in frühester Kindheit. Untersuchungen haben ergeben, dass schon weibliche Babys in Indien kürzer gestillt werden als männliche.
Auch später bekommen Mädchen weniger zu essen als Jungen, müssen aber schon sehr früh, oft ab vier bis fünf Jahren, zu Hause Arbeiten übernehmen: Jüngere Geschwister betreuen und der Mutter

im Haushalt, bei der Heimarbeit und auf dem Feld helfen. Da kommt für eine Achtjährige oft ein Zehnstunden-Arbeitstag zustande. Häufig müssen Mädchen den Schulbesuch ganz abbrechen, weil sie daheim gebraucht werden. Dass nur 39 Prozent der indischen Frauen lesen und schreiben können (bei Männern sind es immerhin 64 Prozent), ist unter solchen Umständen kein Wunder.

Rashma lebte dagegen für ein indisches Mädchen ziemlich bevorzugt, denn ihre Familie ließ ihr genug Raum zum Lernen und Spielen.

Für ihre Zukunft hatte die Elfjährige schon konkrete Pläne: Sie wollte nach dem Schulabschluss Nähen lernen und sich dann als Schneiderin selbstständig machen. Die Idee war nicht schlecht, denn dieser Beruf ist in Indien gefragt und bietet ein relativ sicheres Einkommen. Er hätte Rashma bestimmt den Weg ins Leben geebnet und, falls sie einmal heiratete, ihre Stellung in der neuen Familie verbessert.

Als ich zwei Jahre später wieder einmal nach Bangalore kam, traf ich Rashma schon nicht mehr an. Ihr Vater hatte in der Zwischenzeit entschieden, dass sie die Schule verlassen und heiraten sollte. Er meinte es nicht böse mit seiner Ältesten, die er wie ihre Geschwister offensichtlich sehr liebte, sondern wollte sie so früh wie möglich gut versorgt sehen. Etwas anderes als eine Ehe kam für ihn jedoch nicht in Frage. Eine sehr frühe Eheschließung entspricht auch der indischen Tradition. Sie soll garantieren, dass Mädchen unberührt in die Ehe gehen. Der indische Staat schreibt für Frauen heute zwar ein Mindestalter von 18 Jahren vor; diese Bestimmung wird aber in Wirklichkeit häufig umgangen.

3. Schritt: Sinnabschnitte bilden

Du weißt jetzt schon ziemlich genau, worum es im Text geht. Deshalb kannst du nun den ganzen Text in Sinnabschnitte unterteilen: Das sind die inhaltlich zusammenhängenden Teile.

Dann suchst du für jeden Sinnabschnitt eine Zwischenüberschrift, die den Inhalt möglichst gut zusammenfasst.

4. Schritt: Schlüsselbegriffe markieren und notieren

Mit einem farbigen Textmarker hebst du die wichtigsten Einzelwörter hervor. Man kann sie Schlüsselbegriffe nennen. Die Schlüsselbegriffe solltest du aufschreiben. Sie werden dir später helfen, dich an den Inhalt des Textes zu erinnern.

5. Schritt: Zusammenfassen

Jetzt kontrollierst du dich selbst. Du legst den bearbeiteten Text beiseite. Anhand der Schlüsselbegriffe versuchst du, die wesentlichen Aussagen des Textes wiederzugeben – natürlich ohne den Text noch einmal zu lesen.

1 Bearbeite eine Kopie des vorliegenden Textes wie hier beschrieben.

2 Sprich mit deinem Nachbarn über den Inhalt des Textes:
   a) Vergleicht eure Zwischenüberschriften.
   b) Vergleicht die Schlüsselbegriffe.

Kinder der Welt

❶ Ein „Schlafzimmer" für Straßenkinder

Straßenkinder leben gefährlich

Viele Kinder in Südamerika leben ganz ohne den Schutz der Familie, ohne ein Zuhause. Sie leben auf der Straße, sie sind Straßenkinder. Manche sind von zu Hause ausgerissen, weil sie vor Gewalttätigkeit in ihrer Familie fliehen mussten. Andere mussten ihre Eltern verlassen, weil diese zu arm waren um sie versorgen zu können.
Straßenkinder haben sich an das „ungebundene" Leben ohne die Regeln der Erwachsenen gewöhnt. Um zu überleben sind sie auf schlecht bezahlte Gelegenheitsjobs angewiesen oder sie stehlen und verüben andere Straftaten. Die meisten haben keine Schul- oder Berufsausbildung. Viele schnüffeln Kleister oder sind abhängig von anderen Drogen. Allein in Brasilien schätzt man die Zahl der Straßenkinder auf über 10 Millionen.

❷ **Ein Mitarbeiter eines Kinderhilfswerkes berichtet:**
„Ihr ‚Schlafzimmer' ist der Bürgersteig, ein Hauseingang oder eine Bushaltestelle. Sie liegen auf dem Boden und decken sich mit Pappdeckeln oder Plastikplanen zu, die sie tagsüber irgendwo verstecken. Regen und Kälte machen sie krank, aber Medizin können sie sich nicht leisten. Straßenkinder leben immer in Gruppen zusammen. Sie teilen ihr Essen, ihr Geld und ihre Diebesbeute mit den anderen. Und sie schlafen auch alle zusammen an einem Platz. Es ist sicherer, nachts nicht alleine zu sein, wenn Banden sie überfallen oder wenn die Polizei kommt.
Die meisten Menschen verachten sie, weil sie schmutzig sind, nicht lesen und schreiben können. Geschäftsleute hassen sie, weil sie stehlen und deswegen die Touristen verjagen. Polizisten jagen und verhaften sie, weil sie die Straßen unsicher machen. Oft sperren sie die Straßenkinder ins Gefängnis oder in Erziehungsheime."

Hilfe für Kinder in südamerikanischen Großstädten

Die Regierungen tun kaum etwas um das Problem der Straßenkinder zu mildern. Meistens sind es die Kirchen oder Hilfsorganisationen, die Einrichtungen unterhalten oder unterstützen, die den Straßenkindern helfen. Sie bilden Sozialarbeiter aus, die mit den Kindern Kontakt aufnehmen um sie in Jugendzentren zu betreuen. Dort bekommen sie etwas zu essen, werden medizinisch versorgt, erhalten Unterricht und können an berufsbildenden Kursen teilnehmen. Außerdem haben sie dort die Möglichkeit etwas Geld zu verdienen, damit sie nicht mehr auf Betteln oder Stehlen angewiesen sind. Mit Geld- und Sachspenden können wir die Arbeit der Hilfsorganisationen in den brasilianischen und anderen südamerikanischen Großstädten unterstützen. Auch ihr könnt auf vielfältige Weise aktiv werden!

Hilfsorganisationen, die sich für Straßenkinder einsetzen:

Deutsche Welthungerhilfe e.V.
Adenauerallee 134
53113 Bonn
Tel.: 0228/2288-0
www.welthungerhilfe.de

Kindernothilfe e.V.
Düsseldorfer Landstr. 180
47249 Duisburg
Tel.: 0203/7789-0
www. kindernothilfe.de

terre des hommes
Ruppenkampstr. 11a
49084 Osnabrück
Tel.: 0541/7101-0
www.tdh.de

❸ *Schülerinnen verkaufen selbst gebackene Kekse,*

❹ *packen Kleiderspenden ein,*

❺ *geben ein Konzert,*

❻ *sammeln und spenden für ein Jugendzentrum für Straßenkinder.*

1 *Beschreibe das „Schlafzimmer" der Straßenkinder (Foto 1).*
2 *Nenne Gründe, warum Straßenkinder nicht in ihren Familien leben.*
3 *Welchen Gefahren sind die Straßenkinder ausgesetzt?*
4 *Die Worte „CASA RENASCER" auf Foto 6 bedeuten „Haus der Wiedergeburt". Erkläre.*
5 *Die Abbildungen 3–5 zeigen Möglichkeiten für Aktionen in der Schule. Was könnte man noch tun um Spendengelder einzunehmen? Versucht eure Ideen in die Tat umzusetzen.*

Der Palast

Das große blaue Haus am Hafen war fast genauso baufällig wie alle anderen Häuser ringsum; von einem Palast konnte keine Rede sein. Der dunkle Eingang in der Mitte der Vorderfront sah aus wie der zahnlose Mund eines Säufers, und wenn man nah genug vorüberging, roch man auch den sauren Atem von abgestandenem Wein.

Die Jungen, die im Keller neben dem Hinterhof lebten, hielt dies alles nicht davon ab, ihre Behausung großspurig als „Palast" zu bezeichnen.

Das schönste an dem Haus war der Hinterhof, und eigentlich war es Ramon zu verdanken, dass es hier sogar recht wohnlich aussah. Noch vor zwei Jahren hatte der Hinterhof mehr nach Abfallgrube ausgesehen. Unglaublich, was sich alles angesammelt hatte: Kartons, Kisten, leere Konservendosen, zerbrochenes Geschirr, alte, verrostete Autoteile und kaputte Reifen, zwei uralte, lederbezogene Autositze, verrottete Stofffetzen, Fischernetze, die so viele Löcher hatten, dass sich das Flicken nicht mehr lohnte, und Flaschen, Flaschen, Flaschen, alle Größen und Formen, ganz und in Scherben.

Ramon kannte den Besitzer der Weinhandlung aus der Zeit als seine Eltern noch lebten. Als Ramons Eltern ums Leben kamen, bot Belmont dem Jungen an, ihm wenigstens das nötigste Essen zu verschaffen, wenn er dafür den Hof gründlich sauber machte. Ramon brachte seinen jüngeren Bruder Diego mit, und es dauerte kaum ein paar Tage, bis die übrigen Jungen mit anpackten. Belmont protestierte. Er sagte es Ramon klipp und klar: So ging das natürlich nicht, dass er eine ganze Horde hungriger Wölfe durchfüttern musste.

Ramon machte einen andern Vorschlag: Fürs Essen würden sie selber sorgen, den Hof umsonst in Ordnung halten, wenn sie dafür nachts oder bei schlechtem Wetter im Weinkeller Unterschlupf finden konnten...

Belmont brummte, aber er ließ sie gewähren, und manchmal legte er ihnen abends beim Eingang zum Keller ein Stück altes Brot hin, oder ein halbes Dutzend überreifer Bananen, deren Schalen braun wurden.

Pedro, Juanita und Antonio waren inzwischen beim Palast angekommen. Antonio gab Pedro ein Zeichen, hier zu warten, und verschwand in einer niedrigen Seitentür, die in den Keller führte. Nach zwei Minuten tauchte er wieder auf. Er nickte stolz, fast feierlich sagte er: „Du kannst kommen", und trat höflich einen Schritt beiseite, um Pedro den Vortritt zu lassen.

Pedros Augen mussten sich erst an das Dämmerlicht gewöhnen. Die Treppe war nur kurz, fünf oder sechs Stufen. Der Keller war kleiner, als er in Erinnerung hatte. Ramon saß in einem offensichtlich bequemen Stuhl aus leeren Weinkisten und Strohsäcken.

„Komm näher", forderte er Pedro auf. „Antonio liegt mir seit dem frühen Morgen in den Ohren, weil du für die nächste Zeit dringend einen Unterschlupf brauchst. Die Mehrheit von uns ist dafür, dass wir dich aufnehmen. Mitsamt Juanita. Obwohl, es geht bei uns nicht zimperlich zu. Kann sein, dass die Kleine allerhand einstecken muss. Das ist nicht unser Problem. Kapiert? Bedingungen hast du keine zu stellen. Sieh zu, wie du zurecht kommst!"

„Du kannst einen Platz für euch beide aussuchen", sagte Ramon und machte eine unbestimmte Bewegung. „Da hinten ist man ziemlich ungestört. Die Korbflaschen werden nur selten gebraucht. Es ist nur ein bisschen dunkel."

Pedro ging durch den Raum zurück und setzte Juanita auf die unterste Treppe. Er suchte sich von den kleinen Weinkisten einige aus, prüfte sie sorgfältig und reihte sie dann mit der offenen Seite nach unten vor dem Korbflaschengestell aneinander. So war er Antonio am nächsten. Ihn kannte er von der Bande am besten. Eigentlich war Antonio ein richtiger Freund, obwohl er fast zwei Jahre jünger war. Er war stets freundlich und hilfsbereit, und er war der einzige, der lesen und schreiben konnte. Niemand hatte es ihm beigebracht. Er hatte bei den Wörtern, von denen er wusste, was sie hießen, die Buchstaben sortiert und diese dann in andern Wörtern wiedergefunden. Er konnte auch rechnen; allerdings brauchte er dazu Finger, Nase, Ohren und was ihm zum Abzählen gerade am nächsten war. Es machte ihm nie etwas aus, wenn die andern über ihn lachten.

„Laubsäcke haben wir im Augenblick nicht. Ich bringe dir in den nächsten Tagen Fetzen und Lappen, die du zusammennähen kannst. Vorläufig werden wir dir abends die Kleider geben, die wir nachts entbehren können, damit ihr beide nicht auf den nackten Holzkisten schlafen müsst." Antonio streichelte liebevoll seinen Lumpensack.

Pedro war alles egal, er hätte auch auf den Kisten, ja, sogar auf dem nackten Lehmboden geschlafen, so froh war er, dass er hierbleiben konnte.....

Gegen fünf trudelten die übrigen Bandenmitglieder nacheinander ein. Zuerst erschien Fernando mit Angelzeug und schläfrigem Blick. Er brachte drei Fische mit. „Sieht gut aus", sagte Ramon mit anerkennendem Kopfnicken.

Nach einer Weile kamen Felipe und Diego. „Sag nicht, dass du die im Hafen erwischt hast", sagte Diego mit unverhohlener Bewunderung.

„Sicher nicht im Hafen", antwortete Fernando verächtlich, „auf der anderen Seite natürlich, draußen, ganz im Flachen, vor dem Hotel Caribe; da sind sie wenigstens genießbar."

„Du kannst schon mal Feuer anmachen, falls du Hunger hast", sagte Diego unvermittelt zu Pedro, den er bis jetzt scheinbar nicht beachtet hatte.

„Wo?", fragte er, und Diego wies mit dem Daumen über die Schulter zum Hof.

Hinter Pedro tauchte Antonio auf. Mit geübten Handgriffen bastelte Antonio ein Sandwich aus Pappe und Seetang, legte blasse, ausgelaugte Holzstücke darauf, die so morsch waren, dass sie fast unter seinen Händen zerfielen, und forderte Pedro auf, die Pappe von der Seite anzuzünden. Ein bisschen weißer Qualm drang zwischen den Kartonschichten hervor, dann loderte plötzlich das Feuer auf.

Fernando brachte mit salz-weißen Händen die Fische. „Moment", sagte er wichtigtuerisch und blinzelte mit seinen schweren Augenlidern, „jetzt kommt noch das Don-Fernando-Feinschmecker-Extra." Umständlich kramte er sein Taschenmesser hervor und machte sich an einer Mauerritze zu schaffen. Er brachte eine lauchartige Pflanze, schnitt die dünnen, röhrenförmigen Stengel in kleine Stücke und stopfte die Schnipsel in den rosafarbenen Bauch. „Du wirst dich wundern", sagte er zu Pedro. Wenn Antonio geahnt hätte, seit wie vielen Wochen Pedro keine warme Mahlzeit mehr gegessen hatte, dann wäre wohl das Wundern an ihm selbst gewesen.

Alle Welt bedauert die armen Jungen in den Städten Südamerikas, die niemandem angehörten und für sich selbst sorgen mussten. Aber wie reich kamen sie Pedro vor! Ein Glücksgefühl durchströmte ihn.

Ursula Hasler:
Pedro und die Bettler von Cartagena

→ Anhang

Deutschland in Zahlen[1]

Fläche: 357 021 km²
Bevölkerung: 82 537 000 Einwohner
Bevölkerungsdichte: 231 Einw. je km²
Gegründet: 1949

Zu den 82 537 000 Einwohnern gehören auch 7 300 000 Ausländer, davon:
1 912 000 Türken
610 000 Italiener
591 000 Jugoslawen
359 000 Griechen
318 000 Polen
231 000 Kroaten

Einwohnerzahlen der größten Städte:
Berlin (Hauptstadt) 3 388 000 Einw.
Hamburg 1 726 000 Einw.
München 1 227 000 Einw.
Köln 968 000 Einw.
Frankfurt 641 000 Einw.
Essen 592 000 Einw.
Dortmund 589 000 Einw.
Stuttgart 587 000 Einw.
Düsseldorf 571 000 Einw.
Bremen 541 000 Einw.
Hannover 516 000 Einw.
Duisburg 512 000 Einw.
Leipzig 493 000 Einw.
Nürnberg 491 000 Einw.
Dresden 479 000 Einw.

Die größten Verdichtungsräume:
Rhein-Ruhr 11,1 Mio. Einw.
Berlin 4,5 Mio. Einw.
Rhein-Main 2,8 Mio. Einw.
Stuttgart 2,6 Mio. Einw.
Hamburg 2,0 Mio. Einw.
München 1,9 Mio. Einw.
Rhein-Neckar 1,3 Mio. Einw.
Nürnberg/Fürth/Erl. 1,1 Mio. Einw.
Halle-Leipzig 1,0 Mio. Einw.

Die längsten Flüsse:
Rhein 865 km (insgesamt 1 320 km)
Elbe 700 km (insgesamt 1 165 km)
Donau 647 km (insgesamt 2 858 km)
Main 524 km
Weser 440 km
Ems 371 km
Neckar 367 km
Mosel 242 km (insgesamt 545 km)
Oder 162 km (insgesamt 866 km)
Inn 130 km (insgesamt 515 km)

Die größten Seen:
Bodensee 572 km²
Müritz 110 km²
Chiemsee 80 km²

Flächengröße der Bundesländer:
Baden-Württemberg 35 751 km²
Bayern 70 548 km²
Berlin 892 km²
Brandenburg 29 477 km²
Bremen 404 km²
Hamburg 755 km²
Hessen 21 114 km²
Mecklenburg-Vorpommern 23 172 km²
Niedersachsen 47 614 km²
Nordrhein-Westfalen 34 080 km²
Rheinland-Pfalz 19 847 km²
Saarland 2 570 km²
Sachsen 18 413 km²
Sachen-Anhalt 20 447 km²
Schleswig-Holstein 15 765 km²
Thüringen 16 172 km²

Die größten Inseln:
Rügen 930 km²
Usedom (deutscher Anteil) 354 km²
Fehmarn 185 km²
Sylt 99 km²

[1] Angaben beziehen sich auf das Jahr 2002

Die Erde in Zahlen

Oberfläche: 510 068 000 km²
Landfläche: etwa 148 100 000 km²
Wasserfläche: etwa 362 000 000 km²
Bevölkerung[1]**:** 6 348 000 000 Einwohner

Die größten Inseln:
Grönland	2 170 000 km²
Neuguinea	777 000 km²
Borneo	730 000 km²
Madagaskar	580 000 km²

Die längsten Flüsse:
1. Nil	6 671 km
2. Amazonas	6 437 km
3. Mississippi mit Missouri	6 418 km
4. Jangtsekiang	5 472 km
5. Huang He	5 464 km
6. Jenissej	4 527 km
7. Amur	4 416 km
8. Kongo	4 374 km
9. Ob	4 345 km
10. Paraná	4 264 km

Die größten Seen:
Kaspisches Meer	367 000 km²
Oberer See	82 103 km²
Victoriasee	69 484 km²
Huronsee	59 570 km²
Michigansee	57 757 km²
Aralsee	33 600 km²
Baikalsee	31 499 km²

Die höchsten Berge:
Mount Everest (Asien)	8 850 m
Aconcagua (Südamerika)	6 962 m
Mt. McKinley (Nordamerika)	6 194 m
Kilimandscharo (Afrika)	5 963 m
Vinsonmassiv (Antarktis)	4 897 m
Mont Blanc (Europa)	4 807 m
Mt. Kosciusko (Australien)	2 228 m

Die Städte mit den meisten Einwohnern nach Kontinenten 2002:
Moskau	12 400 000
Istanbul	9 800 000
Paris	9 600 000
Kairo	17 800 000
Kinshasa	8 800 000
Lagos	5 700 000
Tokyo	27 700 000
Bombay	17 700 000
Shanghai	16 300 000
Sydney	4 100 000
Melbourne	3 500 000
Brisbane	1 600 000
New York	19 500 000
Mexiko	16 900 000
Los Angeles	14 600 000
São Paulo	17 400 000
Buenos Aires	11 900 000
Rio de Janeiro	10 800 000

Die höchsten Temperaturen:
Azizia (Libyen)	+58 °C
Death Valley (USA)	+57 °C
Kebili (Tunesien)	+55 °C
In Europa:	
Sevilla (Spanien)	+50 °C

Die niedrigsten Temperaturen:
Station Wostok (Antarktis)	-88 °C
Sowjetskaja (Antarktis)	-87 °C
Komsomolskaja (Antarktis)	-81 °C
Südpol (Antarktis)	-80 °C
Oimjakon (Sibirien)	-78 °C

[1] Im Jahr 2003

TERRA Lexikon

Alm: Hochweide in den Alpen oder im Mittelgebirge, auf der Jungrinder vom Frühjahr bis Herbst weiden.

Aquädukt (lateinisch = Wasserleitung): Brückenartiges Steinbauwerk der Römer zur Weiterleitung von Wasser. Der Aquädukt überwindet Unebenheiten des Geländes, um Wasser über größere Entfernungen mit natürlichem Gefälle in die Städte zu leiten. Die großen Aquädukte speisten vor allem öffentliche Brunnen, von denen ein Großteil der Stadtbewohner das Wasser für den Hausgebrauch in Eimern holte. Große Privathäuser wurden durch ein Netz von Bleirohren mit Leitungswasser versorgt. Bäder und öffentliche Toiletten besaßen eigene Wasserleitungen. Um 110 n. Chr. führten zehn Aquädukte von insgesamt 450 km Länge nach Rom.

Automobilbau: Einer der wichtigsten Industriezweige in Deutschland, in dem sehr viele Menschen beschäftigt sind. Zusätzlich schafft der Automobilbau viele Arbeitsplätze in den Betrieben der → Zulieferindustrie.

Bundesland: In Deutschland gibt es drei Ebenen der Verwaltung: Bund, Länder und Gemeinden. Die Bundesländer sind Gebiete von sehr unterschiedlicher Größe, für die es jeweils eine eigene Verfassung, ein eigenes Parlament und eine eigene Regierung gibt.

Bundeshauptstadt: In einer Hauptstadt befinden sich in der Regel die Regierung eines Staates und seine gewählten Volksvertreter (Parlament, bei uns Bundestag) sowie noch weitere Einrichtungen. In der Bundeshauptstadt Berlin gibt es außerdem:
– Sitz des Bundestages im Reichstagsgebäude,
– Sitz der Bundesregierung im Kanzleramt,
– Sitz der meisten Ministerien,
– Sitz von Bundesverwaltungsämtern.

Chemische Industrie: Viele Dinge, mit denen wir zu tun haben, sind Produkte der chemischen Industrie. Am bekanntesten und am stärksten verbreitet sind die Kunststoffe. Um diese Produkte herzustellen, sind viele einzelne Schritte notwendig – und viele → Rohstoffe, vor allem Erdöl. Während der verschiedenen Schritte entstehen auch giftige Stoffe. Daher muss in der chemischen Industrie sehr vorsichtig gearbeitet werden, damit die Natur und die Menschen keinen Schaden nehmen.

Deich: Künstlich aufgeschütteter Damm an Meeresküsten oder Flussufern zum Schutz vor Überflutungen. Die Höhe des Deiches soll über dem örtlich bekannten Höchstwasserstand liegen.

Delta: Mündungsbereich eines Flusses mit einem Netz von Flussarmen. Aufgrund der mitgeführten Materialmengen wächst das Mündungsgebiet immer weiter in das Meer hinaus. Es bildet sich mit der Zeit ein dreieckförmiger Mündungsbereich, der dem griechischen Buchstaben „Delta" gleicht.

Dienstleistungen: Im Dienstleistungsbereich sind z. B. der Sekretär oder die Kauffrau beschäftigt. Sie sorgen dafür, dass Güter und Leistungen auch zum Verbraucher gelangen. Sie leisten für andere Menschen Dienste, stellen dabei aber selbst keine Waren her.

Zum Dienstleistungsbereich gehören z. B. Groß- und Einzelhandel, Transport, Verkehr, Bildung (Schulen und Universitäten), Verwaltung, Nachrichten- und Unterhaltungswesen (z. B. Post, Rundfunk, Fernsehen, Konzertveranstaltungen), Strom- und Wasserversorgung sowie Unternehmen wie Banken, Versicherungen, Hotels und Gaststätten, Krankenhäuser, Arzt- und Anwaltspraxen, Frisier- und Kosmetiksalons.

Ebbe: Das regelmäßige Fallen des Wassers im Rahmen der → Gezeiten. Den niedrigsten Stand des Wassers nennt man Niedrigwasser.

Erziehung: Unter Erziehung versteht man ein geplantes und zielgerichtetes Einwirken auf junge Menschen, um sie mit all ihren Fähigkeiten und Kräften zu formen. So sollen sie zu verantwortungsbewussten selbstständigen Persönlichkeiten werden. Um dies zu erreichen werden z. B. Verhaltensregeln, Wertschätzungen und Tugenden vermittelt. Die Erziehung erfolgt vor allem durch die Eltern sowie die Schule, daneben aber auch durch „heimliche" Erzieher, z. B. das Fernsehen.

Erziehungsberechtigte: Gesetzliche Bezeichnung für die Menschen, die zur → Erziehung eines jungen Menschen berechtigt sind und dafür Verantwortung tragen.

Erziehungsziele: Die Ziele, die durch die → Erziehung erreicht werden sollen. Oberstes Ziel ist die Hinführung zur Selbstständigkeit.

Familie: Ehepaare mit Kind(ern) sowie Alleinerziehende, die mit ihren Kindern im gleichen Haushalt zusammenleben.

Flut: Das regelmäßige Ansteigen des Meerwassers im Rahmen der → Gezeiten. Den höchsten Stand nennt man Hochwasser.

Forum Romanum: Das Forum (lateinisch = Marktplatz) war in jeder römischen Stadt der Mittelpunkt des öffentlichen Lebens und diente als Marktplatz, als Gerichtsstätte und als Ort für → Volksversammlungen. Verwaltungsgebäude, Tempel und Markthallen umgaben den Platz.
Das Forum Romanum war das Zentrum von Rom, durch das die Heilige Straße zum Kapitol führte, dem Hügel, auf dem der Jupitertempel stand.

Germanen: Bezeichnung für die in Nordeuropa und Mitteleuropa wohnenden Völker und Stämme. Im 2. Jahrhundert v. Chr. drangen sie zum ersten Mal in das Römische Reich ein. Caesar unternahm während der Unterwerfung Galliens zwei Kriegszüge in das Land der Germanen, weil diese über den Rhein ins heutige Frankreich kamen.

Gezeiten (norddeutsch = Tiden): Regelmäßiges Steigen (→ Flut) und Fallen (→ Ebbe) des Meeresspiegels. Den Wasserstandsunterschied zwischen Hochwasser und Niedrigwasser nennt man Tidenhub.

Grabkammer: Die ersten Könige Ägyptens wurden in „Mastabas" bestattet. Das waren unterirdische Grabkammern, die durch einen Schacht zugänglich waren. Aus einer überbauten Mastaba entwickelten sich die Pyramiden. Eine Pyramide birgt im Inneren eine Grabkammer für den verstorbenen und mumifizierten Pharao. Im Neuen Reich wurden Mitglieder der königlichen Familie, aber auch des Adels in Grabanlagen bestattet, die tief in die Felsen hinein gebaut wurden. Dies geschah in der Erwartung, dass die Felsengräber den Grabräubern weniger zugänglich sein würden als die Pyramiden.

Großfamilie: Von Großfamilie spricht man, wenn ein Ehepaar viele Kinder hat oder wenn in einem Haushalt mehrere Generationen oder mehrere → Kleinfamilien zusammenleben.

Anhang

Großlandschaft: Deutschland kann in folgende vier Großlandschaften eingeteilt werden:
– Norddeutsches Tiefland: In geringerer Höhe als 200 m über dem Meeresboden liegendes Flachland.
– Mittelgebirgsland: Abwechslungsreiche Landschaft mit gerundeten Formen, Höhenunterschieden von bis zu 1 000 m und einer durchschnittlichen Höhe von 600 – 1 000 m. Sie sind häufig bewaldet und dienen als Naherholungsgebiete.
– Alpenvorland: Landschaftliche Vielfalt durch die Auswirkungen der letzten Eiszeit (Seen, Moränen und Moore).
– Alpen: typische Hochgebirgslandschaft mit Berghöhen über 2 000 m und steilen und schroffen Felsen.

Grundbedürfnis: Grundbedürfnisse des Menschen sind wichtige Lebensvoraussetzungen, die erfüllt sein müssen, um ein gesundes, zufriedenes und würdiges Leben führen zu können.

Hieroglyphen (griechisch = heilige Zeichen): Die Bilderschrift der Ägypter. Sie hat Zeichen für Begriffe, Silben und Konsonanten und sie hat Deutzeichen. Neben den Hieroglyphen wurden im pharaonischen Ägypten zwei weitere Schriftformen verwendet. Die Entzifferung der Schriften gelang dem französischen Gelehrten Champollion.

Hightech: Unter diesem Begriff fasst man Industriezweige zusammen, die mit einem hohen Forschungsaufwand hochtechnische Produkte der modernen Lebenswelt erzeugen. Hierzu gehören die Herstellung von Computern und Mikrochips, Erzeugnisse der Unterhaltungselektronik, Lasertechnik sowie der Bio- und Umwelttechnologie. Da diesen und anderen Hochtechnologie-Industrien die Zukunft gehört, spricht man auch von Schlüsselindustrien.

Hochgebirge: Gebirgsregionen, die eine Höhe von über 2 000 Meter aufweisen. Merkmale sind schroffe Formen mit großen Höhenunterschieden, teilweise vergletschert.

Höhenstufen: Die Abfolge unterschiedlicher Vegetation (Pflanzenwuchs) mit zunehmender Höhe. Ursächlich für die Ausbildung der Höhenstufen sind die mit der Höhe abnehmenden Temperaturen und zunehmenden Niederschläge.

Kastell (lateinisch castellum = Festung): Kleineres befestigtes Lager für Truppen an den Grenzen des Römischen Reiches. Seine Grundform ist ein Rechteck, das von Mauern geschützt und von zwei sich kreuzenden Straßen durchschnitten wird. In Deutschland wurden zahlreiche Kastelle südlich des → Limes errichtet. Dicht bei den Kastellen entstanden Niederlassungen von Römern und → Germanen, aus denen sich später Städte entwickelten.

Kinderarbeit: Kinder müssen wie Erwachsene arbeiten und können nicht zur Schule gehen, damit der Lebensunterhalt ihrer Familien gesichert ist. Dabei verdienen die Kinder meist wesentlich weniger als die Erwachsenen. In vielen Ländern ist Kinderarbeit verboten.

Kleinfamilie: In einer Kleinfamilie leben die Eltern bzw. ein Elternteil mit einem oder zwei Kindern.

Kompromiss: Übereinkunft, bei der jeder Zugeständnisse macht.

Konflikt: Bei Konflikten stoßen unterschiedliche Wünsche oder Meinungen zusammen. Die Beteiligten wollen ihre Absichten ohne Rücksicht durchsetzen. Ein Konflikt beschränkt sich oft nicht nur auf die eigentliche sachliche Auseinandersetzung, sondern betrifft auch die Beziehungs- und Gefühlsebene.

Konfliktlösung: Ein → Konflikt kann im Wesentlichen auf zwei Arten gelöst werden: Entweder setzt sich einer der am Konflikt Beteiligten mit seiner Auffassung bzw. seiner Absicht durch, z. B. wo man das nächste Wochenende als Familie verbringt, oder man einigt sich auf einen → Kompromiss, der allen gerecht wird.

Konsul: Titel der beiden höchsten Beamten der römischen Republik, die für ein Jahr gewählt wurden. Die Konsuln führten die Regierungsgeschäfte, beaufsichtigten die Verwaltung, beriefen → Senat und → Volksversammlung ein und hatten im Krieg den Oberbefehl.

Küstenschutz: Maßnahmen, um das tief gelegene Küstenland gegen Zerstörung durch das Meer (Brandung, Sturmflut) zu schützen. Dies geschieht hauptsächlich durch → Deiche, aber auch durch Buhnen (Pfahlreihen), Steinwälle, Mauern, Sträucher sowie durch aufgespülte Sandbänke.

Landeshauptstadt: Jedes → Bundesland hat eine eigene Regierung. Der Sitz der Regierung ist auch Hauptstadt des Bundeslandes, also Landeshauptstadt.

Lawine: An steilen Gebirgshängen im Hochgebirge plötzlich abrutschende Schnee- und Eismassen.

Limes (lateinisch = Grenze, Grenzwall): Befestigte und gesicherte Grenzanlage des Römischen Reiches. Ein voll ausgebauter Limes bestand aus Graben, Erdwall, Palisadenzaun oder Steinmauer sowie Wachtürmen aus Holz oder Stein. Straßen vernetzten ihn mit → Kastellen und Legionslagern. Mit dem Kurznamen Limes wird bei uns vor allem der 548 km lange obergermanisch-rätische Limes in Süddeutschland bezeichnet. Weitere befestigte Grenzabschnitte gab es in Britannien, in Nordafrika und im Nahen Osten.

Luxusbedürfnis: Wünsche nach besonders teuren Dingen, die sich nur wenige Menschen erfüllen können, sind Luxusbedürfnisse.

Massengut: Güter, die in große Menge unverpackt transportiert werden.

Massentourismus: Form des Fremdenverkehrs, an dem eine große Anzahl von Touristen teilnimmt, z. B. Badeferien am Mittelmeer oder Wintersporturlaub in den Alpen. Treten zu viele Touristen in einem Fremdenverkehrsgebiet auf, führt dies zu hoher Belastung der Umwelt.

Mumie: Eine Mumie ist ein vor Verwesung geschützter Leichnam. Im alten Ägypten reinigte man zur Mumifizierung den Körper und entfernte Gehirn, Herz und Eingeweide, die gesondert beigesetzt wurden. Der Leichnam wurde dann mit Natron eingerieben und getrocknet, nach einigen Wochen in mit Harz getränkte Binden und Kräuterbündel eingepackt, anschließend umwickelt und geschmückt.

Die Mumifizierung kann auch auf natürliche Weise erfolgen, z. B. durch Austrocknung im Wüstensand oder durch Luftabschluss und chemische Einwirkungen im Moor oder durch Gefrieren im Eis. In vielen Weltgegenden wurde die Mumifizierung des Leichnams im Rahmen von Totenkult und Ahnenverehrung ausgeübt.

Mure: Ein Gemisch aus Wasser, Boden und Gesteinsblöcken, das sich im → Hochgebirge nach Starkregen oder Schneeschmelzen an Berghängen meist sehr rasch zu Tal bewegt. Häufig verschüttet der Schlammstrom Straßen, Siedlungen, Felder und Wiesen im Tal.

Anhang

Mythos (griechisch mythos = Geschichte, sagenhafte Erzählung): Eine über Generationen überlieferte Erzählung, die von Ereignissen der Urzeit berichtet. Die Mythen handeln vom Wirken göttlicher Mächte, vom Entstehen und Vergehen der Welt oder vom Ursprung bestimmter Völker oder gesellschaftlicher Ordnungen.

Nationalpark: Großräumiges Schutzgebiet, das wegen seiner Schönheit, Eigenart bzw. Einmaligkeit als besonders schützenswert gilt. Es bestehen strenge Bestimmungen, um die vorhandene Tier- und Pflanzenwelt in ihrem natürlichen Lebensraum zu erhalten.

Nil: Der längste Fluss der Erde und für die Ägypter mit seinen regelmäßigen Überschwemmungen die Lebensader, da der Fluss mitgeführten fruchtbaren Schlamm auf den Feldern hinterließ.

Pass: Übergang über eine Gebirgskette an einer möglichst niedrig gelegenen Stelle. Pässe verbinden Täler und Landschaften miteinander. Früher führten schmale, steile Pfade über die Passhöhen. Vor etwa 200 Jahren begann man, Straßen über die Pässe zu bauen. Am St. Gotthard-Pass wurde mit dem Bau einer Passstraße um 1830 begonnen.

Pharao: Bezeichnung für den Herrscher im alten Ägypten. Die Ägypter sahen im Pharao den Gott Horus in Menschengestalt. Daher verehrten sie ihn wie einen Gott.

Provinz: Die von den Römern eroberten Gebiete, die außerhalb Italiens lagen, wurden in Provinzen eingeteilt und von Statthaltern verwaltet. Die Provinzbewohner galten als Untertanen ohne römisches Bürgerrecht. Sie hatten Steuern und Abgaben zu entrichten. Das heutige Baden-Württemberg gehörte zu den Provinzen Obergermanien und Rätien.

Pyramiden: Pyramiden sind Grabbauten der ägyptischen Pharaonen. Jede Pyramide überdeckt eine → Grabkammer für den mumifizierten Leichnam des → Pharao. Als erste Pyramide wurde um 2 680 v. Chr. die Stufenpyramide des Djoser gebaut. Danach entstanden die voll ausgebildeten Pyramiden. Die glatten Seitenflächen wurden mit Steinplatten verkleidet.

Pyramiden gibt es auch in anderen Kulturen, vor allem in Mittelamerika und Südamerika.

Regierungsviertel: Der Bereich einer Hauptstadt, in dem sich die Gebäude der Regierung finden. Neben diesen Regierungsgebäuden trifft man im Regierungsviertel häufig auch z. B. auf Zentralen von großen Unternehmen oder Fernsehsender, da für diese die Nähe zur Regierung sehr wichtig ist.

Republik (aus lateinisch res publica = öffentliche Angelegenheit, Staat): Staatsform, in der das Volk oder eine bestimmte Schicht des Volkes die Macht ausübt und in der die Regierenden nur für eine bestimmte Zeit gewählt sind. Die herrschende Schicht in der römischen Republik war der Adel. Von den heutigen demokratischen Staaten werden solche als Republik bezeichnet, bei denen kein erbliches Königtum an der Spitze steht.

Rohstoff: Naturstoff, der dem Menschen zur Herstellung von Gebrauchsgütern oder zur Gewinnung von Energie dient. Nach ihrer Herkunft bzw. Entstehung unterscheidet man mineralische (bergbauliche), pflanzliche und tierische Rohstoffe. Mineralische Rohstoffe werden auch Bodenschätze genannt.

Saison: Darunter versteht man die Hauptgeschäfts- oder die Hauptreisezeit. In der Saison reisen die meisten Touristen in ein Urlaubsgebiet, dann sind die Gaststätten, Hotels und Restaurants fast immer voll. Meist ist die Saison vom Klima abhängig.

Seehafen: Ein Hafen, der für die Seeschifffahrt da ist und über geeignete Verkehrsanschlüsse gut an sein Hinterland angebunden ist. Dies ist wichtig, da Seehäfen heute vor allem große Bedeutung für den Gütertransport haben. Seehäfen liegen entweder direkt am offenen Meer oder an breiten Mündungsbereichen von Flüssen, z. B. Hamburg, der größte deutsche Seehafen.

Senat: Ursprünglich „Rat der Alten". Im Senat saßen zunächst nur Patrizier. Später konnten auch einzelne Plebejer nach dem Ende ihrer Beamtenlaufbahn Mitglied des Senats werden. Aufgrund der Autorität und Erfahrung der → Senatoren lenkte der Senat den römischen Staat. Er bestimmte die Außenpolitik und nahm die Aufsicht über die staatliche Ordnung wahr.

Senatoren: Die Mitglieder des Senats.

Sklaven: Der Sklave war frei verfügbares Eigentum seines Herrn. Rechtlich galt er als eine Sache. Diesen Zustand vererbte er auf seine Nachkommen. Die Sklaverei war bei den Völkern des Altertums weit verbreitet. Wir finden Sklaven im Bergbau und Handwerk, im Haushalt und im Erziehungswesen, in der Landwirtschaft und in der Staatsverwaltung. Wie es ihnen ging, hing stark vom Herrn und von der Tätigkeit ab. Im Römischen Reich kam es auch zur Freilassung von Sklaven, die damit das römische Bürgerrecht erwarben.

Standortfaktor: Standortfaktoren sind die Gründe, aus denen sich ein Betrieb an einem bestimmten Standort ansiedelt. Wichtige Standortfaktoren sind z. B. vorhandene → Rohstoffe, Arbeitskräfte, die Nähe der Verbraucher bzw. Kunden, ein guter Verkehrsanschluss.

Strukturwandel: Eine starke Veränderung, die sowohl die Arbeitswelt als auch das Aussehen eines Gebietes oder einer Stadt betrifft. Dabei ist die Veränderung im Aussehen der Stadt und des Gebietes meist eine Folge des Wandels in der Arbeitswelt: Wenn wie im Ruhrgebiet die Bergwerke und Hochöfen erst geschlossen werden müssen und danach sogar gesprengt werden, verändert dies das Aussehen einer Stadt. Wenn dann noch andere Arbeitsplätze an diesen Stellen entstehen, und das vor allem in den → Dienstleistungen, wird der Wandel noch stärker sichtbar.

Stückgut: Güter, die in Kisten, Kartons, Säcken, Ballen und Containern verpackt transportiert werden.

Technologiezentrum: Hier soll jungen Unternehmen vor allem aus dem Bereich → Hightech der Start erleichtert werden. Dazu befinden sich die Technologiezentren häufig in der Nähe von Universitäten oder Fachhochschulen. So sollen die Ergebnisse der Forschung schneller in neue Produkte umgesetzt werden. Außerdem werden die jungen Unternehmen noch öffentlich unterstützt.

Tourismus: Das ist alles, was mit dem Reisen von Menschen an einen Ort zu tun hat, wo sie sich erholen, vergnügen, etwas besichtigen oder auch bei einem Kuraufenthalt gesund pflegen lassen wollen. Zum Tourismus werden nur Reisen mit Übernachtungen gerechnet. In Tourismusgebieten sind die meisten Orte auf die Touristen angewiesen.

Völkerwanderung: Die Wanderung vor allem germanischer Stämme im 4. bis 6. Jahrhundert n. Chr. Den Anfang dieser Völkerwanderung bildete der Hunneneinfall in das Gebiet der Goten im Jahr 375, durch den wiederum die Goten selbst ins Gebiet des Römischen Reiches einbrachen. Die allgemeine Stoßrichtung der Völkerwanderung ging nach Westen und Süden über die Grenzen des Römischen Reichs und führte schließlich das Ende des Römischen Reiches herbei.

Volkstribunen: Um sich vor Übergriffen der Patrizier zu schützen, wählten die Plebejer in Rom seit 490 v. Chr. Volkstribunen. Alle Volkstribunen durften in keiner Weise angegriffen oder behindert werden. Sie hatten ein Einspruchsrecht (Veto) gegen alle Beschlüsse der Verwaltung und des → Senats, die sich gegen die Plebejer richteten.

Volksversammlung: Auf der Volksversammlung traten alle stimmberechtigten Bürger Roms zusammen, um wichtige Entscheidungen zu fällen: Sie wählten die Beamten, beschlossen Gesetze und stimmten über Krieg und Frieden ab. In der Kaiserzeit hatte die Volksversammlung kaum noch eine Bedeutung.

Watt: Der Bereich des Meeresbodens an der Nordseeküste, der im Wechsel der → Gezeiten trockenfällt und wieder vom Wasser überspült wird. Er besteht aus Sand und Schlick und wird von kleinen (Priele), mittleren (Rinnen) und großen (Tiefs) Wasserläufen durchzogen.

Wohlstandsbedürfnis: Der Wunsch nach Annehmlichkeiten und nicht notwendigen Gütern ist ein Wohlstandsbedürfnis.

Zulieferbetrieb: Industriebetrieb, der bestimmte Bauteile an den Produzenten eines in der Regel aufwändigen Produktes liefert. So haben Automobilhersteller beispielsweise oftmals tausende Zulieferbetriebe.

Sachverzeichnis

Alle **fett** gedruckten Begriffe sind im TERRA **Lexikon** erläutert.

Alemannen	128 – 129
Alm	**54**
Alpen	6
Alpenvorland	6
Aquädukt	**115**
Automobilbau	**64 – 65**
Azteken	90
Bannwald	48
Berglandwirtschaft	54 – 55
Biochemie	52
Bundesland	**10**
Bundeshauptstadt	**12**
Chemische Industrie	**66 – 67**
Christen	118 – 119
Container	32
Deich	**29**
Delta	**80**
Dienstleistungen	**72**
Dünen	29
Ebbe	**20**
Erziehung	**143**
Erziehungsberechtigte	**143**
Erziehungsziele	**143**
Familie	**142 – 143**
Flut	**20**
Forum Romanum	**106, 114**
Franken	129
Galerien	48
Germanen	**122, 124 – 127**
Gezeiten	**20**
Gladiator	115
Goten	128
Grabkammer	**92**
Großfamilie	**142**
Großlandschaft	**6**
Grundbedürfnis	**134 – 135**
Hieroglyphen	**88 – 89**
Hightech	**74**
Hochgebirge	**41**

Hochwasser	20	Priel	21
Höhenstufen	**44 – 45**	**Provinz**	**112**
Hunnen	128	**Pyramiden**	**92 – 93**
Industal	91	Queller	24
Inka	90	**Regierungsviertel**	**12**
Kaisertum	111, 113	**Republik**	**106, 110 – 111**
Kastell	**123 – 125**	Ritter	110 – 111
Katarakt	80	**Rohstoff**	**66**
Kehmet	80	**Saison**	**18, 56**
Kinderarbeit	**156**	Salzwiesen	24
Kleinfamilie	**142**	Schaduf	83
Kohle	72	**Seehafen**	**32**
Kompromiss	**141**	**Senat**	**110 – 111**
Konflikt	**140**	**Senatoren**	**110 – 111**
Konfliktlösung	**140**	Senn	54
Konsul	**110 – 111**	**Sklaven**	**120 – 121**
Krabbenfischer	30	Sommersaison	56
Küstenschutz	**29**	Stadtstaat	106
Kutter	30	Stamm	126
Landeshauptstadt	**10**	**Standortfaktor**	**66**
Lawine	**48**	**Strukturwandel**	**72 – 73**
Legionär	122	**Stückgut**	**32**
Limes	**122 – 123, 124**	Taschengeld	136 – 137
Luxusbedürfnis	**135**	**Technologiezentrum**	**74**
Massengut	**32**	Thermen	115
Massentourismus	**56**	Tidenhub	20
Matten	44	Totengericht	97
Maya	90, 154	**Tourismus**	**18, 56 – 57, 100**
Mesopotamien	91	Tunnel	51
Mittelgebirgsland	6	Veto	110
Mumie	**92**	**Völkerwanderung**	**128**
Mure	**49**	**Volkstribunen**	**110 – 111**
Mythos	**96**	**Volksversammlung**	**110 – 111**
Nationalpark	**24**	Wachstumsdauer	44
Niedrigwasser	20	**Watt**	**21 – 25**
Nil	**80 – 81**	Wattenmeer	24
Nilschwemme	81	Wesir	85
Norddeutsches Tiefland	6	Weströmisches Reich	128 – 129
Oströmisches Reich	128 – 129	Wintersaison	56
Papyrus	86, 88 – 89	**Wohlstandsbedürfnis**	**135**
Pass	**50**	**Zulieferbetrieb**	**64**
Patrizier	110 – 111		
Pharao	**83 – 85**		
Plebejer	110 – 111		

Anhang

Zeittafel

	Ägypten	Römisches Reich
Um 3000 v. Chr.	Der Staat Ägypten entsteht durch die Vereinigung von Unter- und Oberägypten.	
Um 2500 v. Chr.	Die großen Pyramiden von Gise werden gebaut.	
Um 1470 v. Chr.	Die Pharaonin Hatschepsut lässt einen Totentempel beim Tal der Könige errichten.	
Um 1330 v. Chr.	Der Pharao Tutanchamun wird in einem Felsengrab im Tal der Könige beigesetzt.	
Um 1300 v. Chr.	Ein Papyrus mit dem Totengericht wird der Mumie des Schreibers Hunefer beigegeben.	
1000 v. Chr.		Erste Besiedlung der Hügel am Tiberufer
753 v. Chr.		Nach der Sage wird Rom gegründet.
332 v. Chr.	Alexander der Große gründet Alexandria.	
73 v. Chr.		Großer Sklavenaufstand unter dem Gladiator Spartakus
44 v. Chr.		Caesar wird von römischen Senatoren ermordet.
30 v. Chr.	Tod der letzten Pharaonin Kleopatra. Ägypten wird dem Römischen Reich eingegliedert.	
27 v. Chr. – 14 n. Chr.		Augustus ist erster römischer Kaiser. Während seiner Regierungszeit wird Jesus geboren.
ab 75 n. Chr.		Römische Herrschaft im heutigen Baden-Württemberg
117 n. Chr.		Das Römische Reich erreicht unter Kaiser Trajan seine größte Ausdehnung.
2. und 3. Jahrhundert n. Chr.		Der Limes in Germanien wird zu einem Palisadenzaun und zu einer Mauer ausgebaut.
3. Jahrhundert n. Chr.		Die Alemannen siedeln in den römischen Provinzen Obergermanien und Rätien.
313		Kaiser Konstantin erlässt in Mailand ein Edikt zur Tolerierung des Christentums.
391		Kaiser Theodosius erklärt des Christentum für das Römische Reich zur Staatsreligion.
395	Das Römische Reich wird in das Weströmische und das Oströmische Reich geteilt. Ägypten gehört zum Oströmischen (= Byzantinischen) Reich.	
5. Jahrhundert		Auf dem Gebiet des Weströmischen Reiches entstehen germanische Reiche.
622		Mohammed flieht von Mekka nach Medina. Die islamische Zeitrechnung beginnt.
642	Ägypten wird von Arabern erobert. Es gehört seitdem zum islamisch-arabischen Kulturkreis.	
1453		Mit der Eroberung von Byzanz durch die muslimischen Türken endet auch das Byzantinische Reich.
1822	Champollion entziffert die ägyptische Schrift.	
1922	Carter entdeckt das Grab Tutanchamuns.	
1971	Der Assuan-Hochdamm wird fertig gestellt.	

Testlösungen

Seiten 36/37

1 d) a = Nord-Ostsee-Kanal; b = Ems; c = Weser; d = Elbe, e = Müritz; f = Oder

4 a) Küstenschutz: Maßnahmen, um das tief gelegene Küstenland gegen Zerstörung durch das Meer zu schützen.

6 Der größte deutsche Seehafen ist Hamburg an der Elbe. Der Hafen ist Umschlagplatz für Güter aller Art. Von hier werden die Güter ins Binnenland weitertransportiert.

Seiten 60/61

1 a) 1 = Waldstufe; 2 = Mattenstufe; 3 = Talstufe; 4 = Fels- und Schneestufe

4 c) Zugspitze; 2 963 m

Seiten 76/77

3 e) Rohstoff: Naurstoff, der zur Herstellung von Gebrauchsgütern oder zur Gewinnung von Energie verwendet wird.

4 a) Die chemische Industrie braucht einen Standort am Wasser.
b) Niedrige Löhne sind ein Standortfaktor.
c) Die Automobilindustrie ist ein wichtiger Industriezweig in Deutschland.

Seiten 102/103

4 e) Shaduf

6 c) Pyramide: Grabbauten der Ägyptischen Pharaonen

Seiten 130/131

3 f) Rhein

5 1 = Atlantik; 2 = Mittelmeer; 3 = Pyrenäen, 4 = Alpen, 5 = Paris; 6 = Rhein; 7 = Seine; 8 = Loire

7 d) Alemannen

Seiten 148/149

1 d) Belohnung und Strafe sind Erziehungsmittel.

2 g) Mitarbeit im Haushalt gehört zu den Pflichten der Kinder.

3 a) Jeder Mensch hat Bedürfnisse.

Bildnachweis

Titel: Rausch, Linsenhofen; Action Press, Hamburg: 49.4; AKG, Berlin: 82.2, 82.3, 84.2, 84.3, 86.1, 87.4, 87.5, 88.1, 90.1-2, 91.4-7, 97.5, 129.3; Ancient Egypt Picture Library, Knutsford: 101.4; AP Photo , Frankfurt a. M.: 100.3; BASF AG, Ludwigshafen: 66.1, 67.2; Bavaria, Gauting: 150.1 (StockStar); Bildarchiv Martin Thomas, Aachen: 5.Weinstöcke; Bilderberg, Hamburg: 63.3 (Enders), 136/137; Bilstein AG, Ennepetal: 71.5 (u); Biochemie GmbH, Kundl: 52.1; bpk, Berlin: 85.4 (Büsing); Brot für die Welt, Stuttgart: 156.1, 156.2; Bünstorf, Altenberge: 73.4; Corbis, Düsseldorf: 153.6 (Hodalic), 104/105 (Vanni Archive); Daimler Chrysler AG, Stuttgart: 64.1, 64.2, 64.3, 64.4; Das Luftbild-Archiv, Kasseburg: 6.2; dpa, Frankfurt: 21.3 (Poguntke); dpa, Stuttgart: 17.4 (Penny), 152.3 (Dunand), 153.5; Deutsche Luftbild GmbH, Hamburg: 16.0; Domke, Hannover: 143.4; Dorling Kindersley, London: 150.3; EDITION UTKIEK, Bremen: 31.3 (Franz); Egmont Ehapa Verlag © Les éditions Albert René/Goscinny-Uderzo: 78; Ehrensperger, Weinsberg: 49.6; Enkelmann, Filderstadt: 7.4; ESA Meteosat, Berlin: 150/151; Europa-Farbbildarchiv Klammet, Ohlstadt: 7.5, 60.3; Forschungszentrum, Karlsruhe: 71.6; Fotodisc: 99.2; Franz, Bremen: 17.1, 17.2; Fremdenverkehrsverband Serfaus, Serfaus: 56.1, 57.3; Geiger, Landau: 42.1, 49.7; Geiger, Merzhausen: 42.2, 40.1, 41.3, 44.1, 44.2, 45.3, 45.5, 54.2, 55.3; Gesamtverband des deutschen Steinkohlenbergbaus, Essen: 72.1; Gillmann, Ratingen: 158.1; Gläser, Oberhausen: 62.2; Gruner, Dortmund: 48.1; Guse, Laatzen: 152.1; Hafen Hamburg Marketing e.V., Hamburg: 32.1, 37.2; Hebestreit, Erfurt:139.3; Heers, Oldenburg: 20.2, 22/23, 24.1, 30.1; HL-Planartechnik GmbH, Dortmund: 74.1, 74.2; Henning, Stadthagen: 161.3, 161.4, 161.5; Iaif, Köln: 62.1 (Kramer); IFA, München: 17.3 (Moosrainer); John, Erfurt: 5. Sächs. Schweiz, 132/133 (Hintergrund); Kindernothilfe, Duisburg: 160.1 (Engel), 161.6; Kroß, Bochum: 150.2; Lehnert & Landrock, Kairo: 82.1; Leicht, Mutlangen: 61.5, 61.6, 73.6; Lotus-Film, Kaufbeuren: 81.4 (Thiem); Lubina, Witten: 71. 5 (oben); Martin, München: 151.4; Mauritius, Mittenwald: 6.3 (Pöhlmann), 48.2, 115.2 (Waldkirch); mediacolor`s, Zürich: 5.Müritz (Bergmann); MEV Verlag GmbH, Augsburg: 52.2, 5 (außer, Müritz, Sächs. Schweiz, Weinstöcke) 132.1, 132.2, 133.5; Michels, Euskirchen: 145.4; Newig, Flintbek: 90.3; Opel AG, Rüsselsheim: 70.3 (u); Quedens, Norddorf: 31.2; Rausch, Linsenhofen: 134.2 ,157.4, 157.6; Richter, VS Villingen: 54.1; Rother, Schwäbisch Gmünd: 129.2, 132.3, 146.2, 151.5, 154.1, 154.2, 154.3-154.7, 155.8–155.12; Ruhruniversität Bochum, Bochum: 71.4 (u); Salmen, Bochum: 18.1; Schmidt, Dossenheim: 20.1; Schmidtke: 83.6; Schönke, Tangerhütte: 142.2; Sdanawitschus, Tangerhütte: 142.3; Smielowski, Bochum: 70.1, 70.2 (u, o), 70.3 (o), 71.4 (o); Splitter, Bayreuth: 152.2; Stern, Hamburg: 101.5; Stiftung Schleswig-Holsteinische Landesmuseen Schloss Gottorf, Archäologisches Landesmuseum, Schleswig: 126.2; Storto, Leonberg: 60.2, 60.4; Studio X, Limours: 92.2 (Boutin), 100.1; Swarovski & Co., Wattens: 85.2; Thume, Eschenbergen: 133.4; Thyssen Stahl AG, Duisburg: 72.2; ullstein bild: 94.1; Verkehrsverein Gerlos, Gerlos: 60.1; Visum, Hamburg: 33.3 (Steche); Wernicke, Dagebüll: 28.1; Witt, Bovenden: 123.4; www.bundestag.de, Berlin: 12.1; ZEFA, Düsseldorf: 153.4;
Steffen Butz, Karlsruhe: 2/3, 4, 8, 25, 26, 29, 34, 38/39, 44, 55, 58, 66, 68/69, 72, 109, 119, 140/141, 146/147; Ulf S. Graupner, Berlin: 67, 75, 85, 111, 138; Rudolf Hungreder, Leinfelden-Echterdingen: 10, 11, 21, 22/23, 26/27, 33, 43, 49, 57, 61, 66/67, 70, 71, 83, 84, 88, 89, 142; Steffen Jähde, Berlin: 46/47; Andreas Piel, Hamburg: 117, 120, 122, 123, 124, 126/127; Wolfgang Schaar, Stuttgart: 6/7, 9, 29, 45, 51, 107, 112, 131; Ursula Wedde, Waiblingen: 37, 61, 76, 103, 131, 149

Hinweis: Nicht in allen Fällen war es uns möglich, die Rechteinhaber der Abbildungen ausfindig zu machen. Berechtigte Ansprüche werden selbstverständlich im Rahmen der üblichen Vereinbarungen abgegolten.

Kartengrundlagen

109.1: Alexander KombiAtlas. Klett-Perthes Verlag. Gotha und Stuttgart. S. 65.
114.1: TaschenAtlas Weltgeschichte. Klett-Perthes Verlag. Gotha und Stuttgart. S. 51.
128.1: Alexander KombiAtlas. Klett-Perthes Verlag. Gotha und Stuttgart. S. 65.

Quellennachweis

81.3: Emma Brunner-Traut: Pharaonische Lebensweisheit. Freiburg Herder-Verlag. 1985. S. 49–51; 83.5: Herodot: Historien. In: Wolfgang Kleinknecht und Herbert Krieger (Hrsg.): Handbuch des Geschichtsunterrichts, Band II. Das Altertum. Frankfurt/Main, Berlin, München Diesterweg. 5. Aufl. 1982. S. 1; 86.2: Hellmut Brunner (Hrsg.): Die Weisheitsbücher der Ägypter. Lehren für das Leben. Düsseldorf/Zürich Artemis und Winkler Verlag 1998. S. 242, 247, 252; 87.3: W.W. Struve: Der Alte Orient. Berlin Volk und Wissen Verlag 1959. S. 151; 94/95: nach Howard Carter: Ich fand Tutanchamun. Würzburg Arena-Verlag; 97.6 : Walter Beyerlin (Hrsg.): Religionsgeschichtliches Textbuch zum Alten Testament. Göttingen Vandenhoeck & Ruprecht 1975. S. 89ff; 99.3: Strabo, Erdbeschreibung. In: Wolfgang Kleinknecht und Herbert Krieger (Hrsg.): Handbuch des Geschichtsunterrichts, Band II. Das Altertum. Frankfurt/M, Berlin, München Diesterweg. 5. Aufl. 1982. S. 190f; 100.2: Pressemeldung APA; 107.3: Wolfgang Lautemann und Manfred Schlenke (Hrsg.): Geschichte in Quellen. Altertum, München Bayrischer Schulbuchverlag 1978. S. 505f; 113.2: Wolfgang Lautemann und Manfred Schlenke (Hrsg.): Geschichte in Quellen. Altertum, München Bayrischer Schulbuchverlag 1978. S. 583; 118.1: Wolfgang Lautemann und Manfred Schlenke (Hrsg.): Geschichte in Quellen. Altertum, München Bayrischer Schulbuchverlag 1978. S. 741; 121.2: Diodor, Weltgeschichte 5, 36ff. In: M. Pohlenz: Stoa und Stoiker, Zürich/Stuttgart 1950. S.265; 121.3: Seneca, Briefe 47. In: Wolfgang Kleinknecht und Herbert Krieger (Hrsg.): Handbuch des Geschichtsunterrichts, Band II. Das Altertum, Frankfurt am Main, Berlin und München Diesterweg. 5. Aufl. 1982. S. 371; 127.3 Tacitus, Germania. In: Wolfgang Lautemann und Manfred Schlenke (Hrsg.): Geschichte in Quellen. Altertum, München Bayrischer Schulbuchverlag 1978. S. 877ff; 156.1: nach Brot für die Welt (Hrsg.): Hände können viel! Unterrichtsmaterial. Stuttgart 1998; 156.2: nach Brot für die Welt (Hrsg.): Hände können viel! Unterrichtsmaterial. Stuttgart 1998; 156.3: aus Erklärung der UNESCO unter www.ilo.org bzw. www.unesco.org; 158.2: nach Bundeszentrale für politische Bildung (Hrsg.): Zeitlupe 34, Eine Welt. Bonn 1997. S. 9; 160.2: Kindernothilfe (Hrsg.): Kinder, Kinder 14: Robinson bei den Straßenkindern von Rio. Dezember 1998. S. 15; 162/163: aus Hasler, Ursula: Pedro und die Bettler von Cartagena. dtv junior. dtv München 1992

Deutschland